그렉 L. 호킨스(GREG L. HAWKINS) · 캘리 파킨슨(CALLY PARKINSON) 공저
에릭 안슨(ERIC ARNSON) 협력 · 빌 하이벨스(BILL HYBELS) 서문 | 김창동 옮김

RE

당신은 지금 어디에 있는가?

빌 하이벨스

윌로크릭교회(Willow Creek Community Church)
설립자 겸 담임목사
윌로크릭 협회(Willow Creek Association) 의장

머 리 말

"지역 교회는 세상의 소망이다."

나는 오랫동안 미국을 비롯해서 세계의 수많은 지역 교회 목회자를 섬길 기회가 있을 때마다 이 메시지를 전했다. 그리고 진심으로 그렇게 믿고 있다. 그러니 항상 조언을 구하고 있던 세 사람한테서 30여 년이 넘게 사역해 온 지역 교회가 영적 성장과 관련해 그동안 생각했던 것과 전혀 다른 결과를 보이고 있다는 말을 들었을 때 내가 어떤 반응을 보였을지 충분히 상상이 갈 것이다.

그 사실만으로 부족했던지, 그들은 그 결과가 단순히 자신들이 갖고 있는 의견에 불과한 것이 아니라고 말했다. 그것은 과학적 조사에 근거한 부인하기 힘든 분명한 사실이었다.

으악!

2004년에 우리 교회 교역자인 그렉 호킨스(Greg Hawkins)와 캘리 파킨슨(Cally Parkinson), 소비자 여론조사 전문가인 에릭 안슨(Eric Arnson)의 주도로 이전까지와는 전혀 다른 새로운 관점에서 전교인 실태조사를 실시했다. 에릭의 아이디어와 제안으로 그 조사에 최첨단의 몇 가지 연구조사 방법을 사용했다.

그 팀은 많은 것을 테이블 위에 올려놓았다. 에릭은 내가 만난 사람들 가운데 가장 똑똑하고 겸손한 성품까지 두루 갖춘 사람이다. 캘리는 그 당시 윌로크릭의 커뮤니케이션 담당 임원으로, 프로젝트의 핵심을 정확히 짚어 냈다. 나는 그녀라면 무슨 일을 맡겨도 분명히 해낼 거라는 사실을 일찌감치 알고 있었다. 윌로크릭의 부목사인 그렉은 프로젝트 전체를 성공적으로 이끌 만한 리더십을 갖추었다. 7년 동안 그렉과 함께 일하면서 그 없이 어떤 사역을 감당한다는 것은 상상할 수 없는 일이 되고 말았다.

세 사람은 그 조사를 통해 우리 교인들의 영적 삶의 모습, 즉 그들이 어떻게 성장하고 그들의 성장을 위해 우리가 무엇을 해야 하는지 정확하게 파악할 수 있으리라는 확신을 심어 주었다.

조사를 통해 얻은 데이터는 우리를 고무시킬 만한 활기 넘치는 몇 가지 증거들을 보여 주었다. 예를 들어 교인들 가운데 50퍼센트는 자신이 "세

처음에 그 결과를 접했을 때 내게 찾아온 아픔은 감당하기 힘들 정도였다. 하지만 깊은 성찰을 통해 그 사실을 알지 못했다면 더 끔찍한 결과가 초래되었을 거라는 사실을 깨달았다.

상 어떤 것보다 하나님을 사랑한다"고 답했고, 교회에 다니지 않는 사람들에게 다가가거나 정기적으로 가난한 사람들을 섬기며 사랑을 표현했다. 그러나 조사의 모든 결과가 우리 교회를 밝게 비춰 준 것은 아니었다. 그 결과들 중 한 가지로 윌로크릭 교인들 중 4분의 1은 영적 성장 과정에서 정체된 상태이거나 교회에 대해 불만을 가졌다. 그리고 그들 가운데 많은 수가 교회를 떠날 생각까지 하고 있었다.

처음 그 결과를 접했을 때 내게 찾아온 아픔은 감당하기 힘들 정도였다. 하지만 깊은 성찰을 통해 그 사실을 알지 못했다면 더 끔찍한 결과가 초래되었을 거라는 사실을 깨달았다.

지금 당신 손에 들려 있는 이 책은 내가 생각하던 지역 교회의 역할을 혁명적으로 변화시켜 주었다. 이 책에서 언급한 내용은 내게 새로운 질문을 던져 주었으며, 기존에 가졌던 그리스도의 제자들을 코치하는 방법을 다시 한 번 생각하도록 만들어 주었다. 교회 그리고 그 교회가 실시하고 있는 수많은 프로그램이 사람들의 영적 성장을 지나치게 많이 책임져 왔다는 사실을 분명하게 깨닫도록 해주었다.

그렉, 캘리, 에릭 등 세 사람은 계속 진행되는 이 프로젝트에 투입되어 열심과 이해를 바탕으로 지금까지 도출된 결과와 깨달음을 함께 나누고 있다. 이들은 당신이 교인들의 영적 성장을 더 잘 이끌 수 있는 방법을 제시하면서 그것을 실천해 나가도록 용기를 북돋아 줄 것이다.

마지막으로 이 책에 담긴 새로운 발견은 나에게 우리 교회가 맡은 구속 사역을 온전히 감당할 수 있도록 계속 배우는 일에 전념하여 더 열심히 일하도록 만들었다. 당신도 이 과정에 동참하기를 바라며, 이 자료가 당신의 교회 안에서 영적 성장에 관한 지속적인 논의를 촉발시키기를 기도한다.

나는 당신에게 한 가지 도전한다. 이 책을 읽으면서 하나님이 말씀하시는 것을 열린 마음으로 받아들이라는 것이다. 나는 지난 세월 동안 사실을 있는 그대로 받아들이는 일이 반드시 필요하다는 것을 확실히 배웠다. 사실은 비록 때때로 당신을 당혹스럽게 만들기도 하지만, 그럼에도 당신의 친구가 되어 줄 것이다.

빌 하이벨스

차 례

당신은 지금 어디에 있는가? 7

❶ 당신은 진정 변화를 만들어 내고 있는가? 9
그렉 L. 호킨스

> 모든 사역 리더는 어떤 결과를 만들어 내기를 원한다. 그러나 그들이 교회 안에서 행하는 것이 실제로 변화를 만들어 내고 있는지 어떻게 알 수 있는가? 출석자나 참석자가 얼마나 되는지 등은 측정할 수 있겠지만, 그 수치가 사람이 그리스도를 더 많이 닮아 가고 있는지 혹은 그렇지 않은지 어떻게 말해 줄 수 있는가? 어떻게 해야 인간의 마음을 측정할 수 있는가?

❷ 윌로크릭이 "우리는 지금 어디에 있는가?"라고 물었을 때 어떤 일이 일어났는가 17
그렉 L. 호킨스

> 윌로크릭은 새로운 전략 단계를 세울 필요성을 느끼고 "우리는 지금 어디에 있는가?"라는 질문을 던지기 시작했다. 우리는 독특한 조사 방법을 활용함으로써 이 질문에 대한 대답을 훨씬 깊이 이해하게 되었다. 그 결과는 실로 놀랄 만한 것이었다.

❸ 우리는 무엇을 발견했는가? 27
캘리 파킨슨

> 사람들이 어떻게 영적으로 성장하는지를 측정하기 위해 마련된 3년에 걸친 조사 결과는 개인이 어떤 영적 성장 과정의 길을 걷는지, 그 과정에서 어떤 특별한 것을 필요로 하는지, 그리고 교회가 그 필요들을 어떻게 채워 주었는지 혹은 채워 주는 데 실패했는지를 확실하게 보여 주었다. 이렇게 해서 얻은 6가지 도발적 발견은 교회가 사역과 관련된 전략을 새롭게 고찰하기 위한 출발점을 제공해 준다.

are your friends '사실'은 당신의 '친구'다

❹ 그러면 당신은 이제 무엇을 하겠는가? 63
　　그렉 L. 호킨스

> 모든 자료와 조사 결과를 살펴보고 나서 "그러면 이제 무엇을 할까?"라는 질문이 나오는 게 당연하다. 또한 골치 아픈 질문과 씨름하고, 그 답을 실천에 옮겨야 하는 과정이 반드시 필요하다. 여기서 제기하는 3가지 아이디어는 "우리는 지금 어디에 있는가?"라는 질문을 제기할 준비가 된 교회와 리더들에게 큰 도움을 줄 것이다.

후기: 당신은 지금 어디에 있는가? 77
　　그렉 L. 호킨스

부록

부록 1: 보이지 않는 것을 측정하는 기술과 과학 81
　　에릭 안슨

부록 2: 이 책의 조사 방식과 방법론 93
　　에릭 안슨

부록 3: 덤으로 얻은 12가지 발견 96
　　캘리 파킨슨

부록 4: 사역 프로그램 평가표 109

부록 5: 표와 그림 목록 110

당신은 지금 어디에 있는가?

"또 이르시되 하나님의 나라는 사람이 씨를 땅에 뿌림과 같으니 그가 밤낮 자고 깨고 하는 중에 씨가 나서 자라되 어떻게 그리 되는지를 알지 못하느니라"(막 4:26-27).

사람들은 교회에 관해 물어볼 때 종종 "몇 명인가?"라는 질문을 한다.

그러나 "몇 명인가?"라는 질문 자체만으로는 교회가 무엇을 해야 하는지 정확하게 짚어 낼 수가 없다. 그 질문은 좋은 출발점이 되기는 하지만 겉으로 드러난 것만을 측정할 뿐이다.

영적 성장에 관해 우리는 보이지 않는 것을 측정할 수 있어야 한다. 우리는 사람들의 마음가짐이나 생각, 느낌 등을 어렴풋이나마 알아채야 한다. 우리에게는 각 사람의 마음을 드러내 보여 줄 수 있는 말이 필요하다. 그리고 우리는 가장 깊은 곳에서 그들을 움직이게 만드는 것이 무엇인지 알고 싶어 한다.

우리에겐 새로운 시각이 필요하며, 이제까지와는 다른 질문이 필요하다. 즉 영적 성장 과정을 이해함으로써 그리스도를 따르는 사람들을 도와주고 격려할 수 있는 질문이 필요하다는 말이다.

그 질문이 간단한 것임에도 우리는 계속 옆으로 밀쳐놓고 있다. 그것은 다름 아닌 하나님과 우리 사이의 중심이 되는 질문이다.

그리고 그 질문을 먼저 던진 이는 바로 하나님이시다.

당신은 지금 어디에 있는가?

수많은 사람이 우리에게 자신과 하나님의 관계에 대해 이야기해 주었다. 우리는 하나님이 어떻게 사람들의 삶 가운데 역사하시는지 보고 싶다는 단 하나의 목표만을 갖고 그들의 이야기에 귀를 기울였다. 그리고 그 결과물을 통해 몇 가지 일정한 틀을 발견했다. 우리가 실시한 연구조사는 과학적인 것으로, 그 틀은 성경적이었다.

그 결과에서 얻은 깨달음은 그리스도를 따르는 모든 사람에게 "당신은 지금 어디에 있는가?"라는 질문에 대답할 수 있는 하나의 맥락을 제공한다.

교회의 건강은 세례 교인 수, 등록 교인 수 등 그 숫자에 크게 영향 받지 않는다. 그것은 사람들이 그리스도를 향하여, 곧 하나님을 더 깊이 사랑하고 이웃을 진정으로 사랑하는 자리로 나아가는지에 달려 있다.

교회의 예배에 참석하는 사람들은 지금 어디에 있는가? 그들은 하나님께 더 가까이 나아가고 있는가? 만약 당신이 그 질문에 대한 답을 알고 있다면 어떻게 하겠는가? 만약 그것을 볼 수 있다면 어떻게 하겠는가?

당신은 지금 어디에 있는가?

그 대답은 모든 것을 확실하게 드러내 보여 준다. 그 질문은 하나님이 우리 모두에게 물어보시는 것으로, 이제 우리는 그 물음에 답하려고 한다.

> 우리에겐 새로운 시각이 필요하며, 이제까지와는 다른 질문이 필요하다.

그렉 L. 호킨스(GREG L. HAWKINS)

RE

❶ 당신은 진정 변화를
만들어 내고 있는가?

영적 성장에 대한
냉혹한 진실

kingdom impact
왕국의 영향

모든 사역 리더는 어떤 결과를 만들어 내기를 원한다. 그러나 그들이 교회 안에서 행하는 것이 실제로 변화를 만들어 내고 있는지 어떻게 알 수 있는가? 출석자나 참석자가 얼마나 되는지 등은 측정할 수 있겠지만, 그 수치가 사람이 그리스도를 더 많이 닮아 가고 있는지 혹은 그렇지 않은지 어떻게 말해 줄 수 있는가? 어떻게 해야 인간의 마음을 측정할 수 있는가?

당신은 진정 변화를
만들어 내고 있는가?

교회에 나오기 시작한 지 얼마 안 된 사람이 당신과 만나기를 청한다고 하자. 몇 가지 가벼운 대화를 주고받은 다음에 그는 당신을 똑바로 쳐다보면서 "아내와 저는 교회에 무언가 공헌을 하고 싶어 100만 달러를 헌금하려고 합니다"라고 말한다.

'과연 제대로 들은 건가? 아니, 100만 달러라고?'
"죄송합니다만, 다시 한 번 말씀해 주시겠어요."
이것이 아마도 당신이 내놓을 수 있는 최고의 대답일 것이다.
그러자 그가 계속해서 말한다.
"우리 부부는 교회에 100만 달러를 헌금하려고 합니다. 하지만 조건이 하나 있는데……."
'오, 이런! 꼬리가 붙으면 안 되는데……'
"조건이란 그 돈을 목사님이 생각하시기에 하나님 나라에 가장 크게 기여할 수 있는 곳에 사용하는 겁니다. 우리는 그 돈이 하나님과 멀리 떨어져 있는 사람을 찾아 교회로 인도하고, 그들이 하나님과 이웃을 향한 사랑 가운데서 성장하도록 하는 일에 사용된다는 것을 목사님이 보장해 주셨으면 합니다."

그 순간 수천 가지의 생각이 당신의 머릿속을 스쳐 지나갈 것이다. 그만한 돈이라면 얼른 생각나는 것만 해도 토지를 구입하고, 건물을 짓고, 더 많은 교역자를 채용하고, 부채를 갚고, 선교여행을 후원하고, 수련회를 개최하는 일 등에 사용할 수 있다.

guarantee

보장

그 새 신자를 정면으로 바라보면서 "하나님 나라를 확장하는 데 가장 필요한 곳에 그 돈을 사용하겠다고 분명히 말할 수 있습니다"라고 대답할 수 있다면 얼마나 좋겠는가! 그러나 우리는 어느 누구도 그런 일을 확실하게 보장할 수 없다는 사실을 알고 있으며, 그런 생각 자체가 말도 안 된다는 사실도 알고 있다.

왜 그런가

우리는 인간의 삶을 변화시키는 것이 하나님이심을, 아니 하나님 한 분뿐이라는 사실을 잘 알기 때문이다. 성경에 보면 "너희 안에서 행하시는 이는 하나님이시니 자기의 기쁘신 뜻을 위하여 너희에게 소원을 두고 행하게 하시나니"(빌 2:13)라는 가르침이 있다. 하나님이 어떤 방식으로 그 일을 하시는가는 신비로운 일이며, 우리로서는 알 수 없는 일이다. 그리고 그것은 사람마다 각기 다르다. 하나님이 내 삶을 변화시키고자 사용하신 방식은 당신의 삶을 변화시키고자 사용하신 방법과는 다르다.

여기서 다시 100만 달러의 헌금 이야기로 돌아가 보자. 그리고 이번에는 그 제안에 '단서'가 붙지 않는다고 가정해 보자. 새 신자가 수표를 내밀면서 "지혜롭게 사용하시면 됩니다"라고만 말한다면 어떻게 하겠는가?

당신은 그 돈을 어디에 사용하겠는가?

냉혹한 진실

만약 나와 동일한 생각을 가졌다면, 당신은 아마 수세대에 걸쳐 교회 지도자들이 해 오던 일을 시도할 것이다. 즉 사람들이 영적으로 성장하는 데 도움이 된다고 진심으로 믿고 있는 여러 가지 교회 활동과 프로그램을 기획하고 예산을 짤 것이다.

그리고 가능한 많은 사람을 권면하여 그 행사와 프로그램에 참여하도록 유도하고, 참석자가 많을수록 잃어버린 자가 구원받고 성도가 늘었다고 믿을 것이다(그림 1-1 "영적 성장을 위한 교회 활동 모델" 참조). 반대로 참석자가 많지 않을 경우 구원받는 사람이 줄어들고, 교인도 영적 성장을 하지 못할 것이라고 믿게 된다.

그림 1-1 많은 교회가 이와 유사한 모델 중심으로 프로그램과 행사를 기획한다. 하나님과 멀리 떨어져 있던 사람이 교회 행사에 많이 참여할수록 그 행사가 하나님을 사랑하고 이웃을 사랑하는 사람을 더 많이 만들어 낸다고 생각한다.

그러나 잠시 그 문제에 대해 깊이 생각해 보자. 사역 프로그램에 참석한 사람 수가 늘어난다고 해서 저절로 영적 성장이 일어나는가?

냉혹하지만 솔직하게 말하면, 그건 사실이 아니다.

출석 숫자는 사람들이 당신이 하는 일을 좋아하는지 여부를 확인하는 데는 도움이 된다. 만약 교회에서 하고 있는 일을 좋아한다면 그들은 참석하려고 할 것이다(그 반대로 교회에서 하고 있는 일이 마음에 들지 않으면 참석하지 않으려고 할 것이다). 어쩌면 그들은 단지 음악이 좋아서, 혹은 당신이 자기 자녀들을 섬기는 것에 감사하는 마음으로 교회에 나왔을 수도 있다. 그리고 새로운 친구를 사귀려는 생각을 가졌을 수도 있고, 다른 사람을 도울 수 있는 기회가 제공될 거라는 생각으로 참석했을 수도 있다.

우리가 바라는 것은 어떤 행사가 되었든 사람들을 교회로 끌어들이고,

그들에게 하나님의 변화시키는 능력을 체험하도록 하고, 그 결과 영적으로 성장하는 데 도움을 주는 것이다.

그러나 한 가지 분명한 사실은 참석자의 숫자만으로는 교회 활동이 사람들을 영적으로 성장시키는 데 도움이 된다고 결론 내리기 위해 필요한 정보로는 결코 충분하지 않다는 점이다. 출석 숫자는 어떤 일이 일어나고 있다는 것을 보여 주는 하나의 잣대일 뿐 전부는 아니다.

여기 문제가 있다

숫자와 관련해서 지도자들은 사실상 참석 숫자를 우리가 주목해야 하는 유일한 것이라고 믿고 있다. 그래서 '참석자의 증가 = 사람들의 성장'이라는 등식이 성립하게 되었다.

반면에 현명한 지도자들은 이렇게 생각한다.

'이건 다만 우리가 성장을 측정할 만한 다른 실질적인 방법을 갖고 있지 않다는 사실을 보여 줄 뿐이야. 머리 숫자를 세는 것은 마음의 변화를 측정하는 것보다 훨씬 쉬운 일일 테니까. 내 말을 믿어, 내가 옳아.'

지난 16년 동안 내가 교역자로 섬겨 온 윌로크릭 커뮤니티 교회에서의 경험을 돌아보면 그동안 숫자가 꾸준하게 증가했음을 분명히 확인할 수 있다. 나는 리더십 팀에 속해 있으면서 우리 교회의 출석자가 50퍼센트 이상 증가한 것을 지켜보았다. 소그룹 모임 참석자는 500퍼센트 이상 증가했으며, 가난한 사람을 돕는 사람의 숫자도 크게 증가한 것을 분명히 목격했다.

나는 숫자가 증가한 것을 분명히 보았지만, 단순한 숫자 그 이상도 보았다. 나는 하나님이 우리가 행한 사역들 가운데 역사하시는 것을 분명히 알고 있다. 사람들의 삶이 변하는 것을 분명히 보았기 때문이다. 그리고 하나님이 우리 교회를 어떻게 사용하여 사람들의 삶을 변화시켜 주시는지 수없이 들어왔기 때문이다.

거의 매일 잠자리에 들면서 내가 직접 본 것에 대해, 윌로크릭의 지도자들 가운데 한 사람으로서 동참하는 특권을 누리는 것에 대해 짜릿한 전율을 느꼈다. 나는 나 자신이 하나님의 인도하심에 따르고 있으며, 우리 팀이 해야 할 일이 무엇인지를 그분이 신실하게 보여 주고 계심을 느꼈다.

그러나 그런 와중에도 어느 날은 잠자리에 누워 고민한 적도 있다. 즉

> "머리 숫자를 세는 것은 마음의 변화를 측정하는 것보다 훨씬 쉬운 일일 테니까."

우리가 어떤 일에서 지금보다 더 잘할 수 있었던 건 아닌지 알고 싶었다. 또한 사람들의 시간과 돈을 가장 효과적인 방식으로 활용하고 있는지, 진정으로 변화를 이끌어 내는지 궁금했다. 그리고 내가 가진 동기가 단지 사람 숫자의 증가에만 관심이 있을 뿐 그들의 마음이 성장하는 것을 보는 데 별다른 관심이 없는 건 아닌지 궁금했다. 그러면서도 만약 숫자가 증가한다면 내가 들인 모든 노력과 희생이 헛된 일이 아니라는 생각을 했다.

그런데 이게 과연 옳은 생각일까?

마음을 측정하는 방법 발견하기

우리 아이들이(나도 마찬가지지만) 가장 좋아하는 이야기 가운데 하나는 짐 캐리가 나오는 영화로도 제작된 닥터 수스(Dr. Seuss)의 "그린치는 어떻게 크리스마스를 훔쳤을까"(How the Grinch Stole Christmas, 2000년 개봉된 애니메이션 영화로 크리스마스를 망치려던 그린치와 이를 막는 후빌 마을의 신디가 진정한 크리스마스의 의미를 찾아가는 여정을 그린 영화 – 편집자 주)다. 그 이야기에서 그린치는 외톨박이 불평분자다. 아무도 그가 왜 그런 사람이 되었는지 모르지만, 작가는 그의 마음이 다른 사람보다 훨씬 작아서 그런 것이라고 믿도록 유도한다.

그걸 어떻게 아느냐고? 그 애니메이션 영화를 보면 '마법 엑스레이'가 나오는 장면이 있는데, 거기에서 그린치의 심장이 다른 사람보다 매우 작다는 것을 보여 준다. 하지만 다행스럽게도 그것이 영화의 결말은 아니었다. 그린치는 후빌 마을과 어린 신디에게 정말 못된 짓을 잔뜩 저지른 다음에 인생이 확 바뀌는 체험을 한다. 우리는 그의 마음이 변화하는 것을 보게 되는데, 앞서 말한 그 마법 엑스레이 덕분에 크리스마스에 그린치의 마음이 엄청 커진 것을 확인할 수 있다.

다르거나 더 나은 무언가를 우리는 행할 수 있는가?

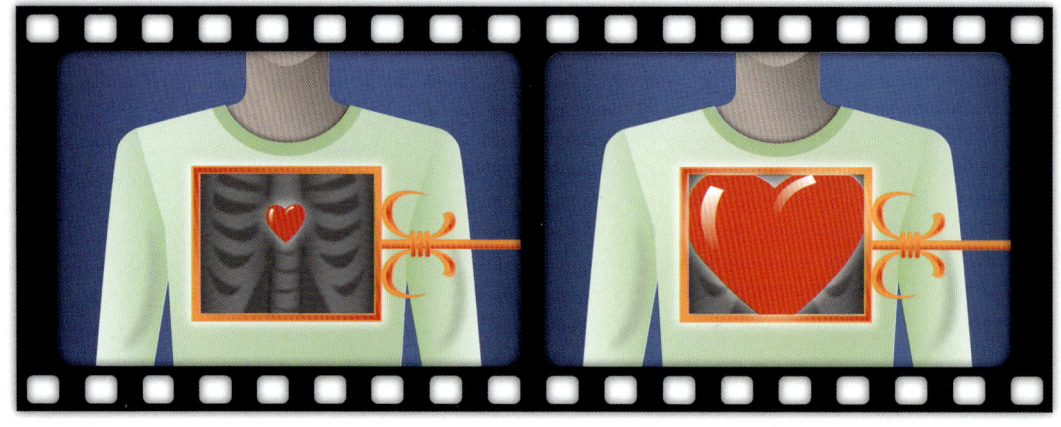

닥터 수스의 연구실에 들어간다고 가정해 보면, 사람들이 가진 하나님과 이웃을 향한 마음이 자라는지 볼 수 있도록 그 변화를 측정하는 일이 가능할 것이다. 그렇게 되면 교회가 하는 어떤 일이 영적 성장 과정에 도움이 되는지를 배우게 된다. 그리고 우리의 시간과 자원을 가장 효과적으로 사용하는 방법도 알게 된다. 게다가 어떤 사역을 시작하고, 어떤 사역은 변경하고, 또 어떤 사역은 완전히 끝을 내야 하는지도 알게 된다. 그래서 우리가 정말로 변화를 만들어 내고 있는지 분명히 깨닫게 된다.

그러면 우리는 어느 날 갑자기 100만 달러짜리 헌금이 들어오더라도 그것을 자신감을 갖고 사용하게 될 것이다. 비록 우리는 어떤 보장을 할 수는 없지만(그런 일을 할 수 있는 분은 오직 하나님뿐임을 명심하라), 자신이 그 헌금을 맡은 지혜로운 청지기임을 알고 발을 쭉 뻗고 편안히 잘 수 있을 것이다.

그런 엑스레이 기계를 갖고 있지 않고, 그런 기계가 없어서 우리 교회가 하는 일들이 정말로 변화를 만들어 내고 있는지 확인해 볼 수 없다는 사실이 대단히 유감스럽다.

그런데 여기서 이 말을 들으면 깜짝 놀랄지도 모르겠지만, 우리는 한편으로 그와 비슷한 것을 발견해 왔다고 생각한다. 물론 닥터 수스의 실험실에 들어가지는 못하지만, 당신이 맡은 교인들의 마음을 더욱 뚜렷하게 보는 데 도움이 될 만한 새로운 도구를 발견해 냈다고 믿는다.

갑자기 흥미가 생기는가? 다음에서 우리가 그 도구를 발견하게 된 몇 가지 배경을 제시하고, 그 도구를 통해 무엇을 발견했는지 자세히 알려 주겠다. 자, 다음 장으로 넘어가 보자!

> 당신이 맡은 교인들의 마음을 더욱 뚜렷하게 보는 데 도움이 될 만한 새로운 도구를 발견해 냈다고 믿는다.

그렉 L. 호킨스(GREG L. HAWKINS)

RE

❷ 윌로크릭이 "우리는 지금 어디에 있는가?"
라고 물었을 때 어떤 일이 일어났는가

윌로크릭을 뒤흔든
깜짝 놀랄 조사 결과

Now what?
이제 무엇을 해야 할까?

윌로크릭은 **새로운 전략 단계를 세울 필요성**을 느끼고 "우리는 지금 어디에 있는가?"라는 질문을 던지기 시작했다. 우리는 독특한 조사 방법을 활용함으로써 이 질문에 대한 대답을 훨씬 깊이 있게 이해하게 되었다. 그 결과는 실로 놀랄 만한 것이었다.

it was time 때가 찼다

윌로크릭이 "우리는 지금 어디에 있는가?" 라고 물었을 때 어떤 일이 일어났는가

사역이란 종종 힘에 부치는 오르막길을 걷는 것 같은 싸움이 되기도 한다. 우리는 자신의 삶을 향한 하나님의 부르심을 좇아가고 있지만, 매일 벌어지는 영적 전투는 어느 길이 정상으로 올라가는 승리의 길인지 종잡을 수 없게 만들곤 한다. 그리고 어느 때는 하나님의 손길이 우리의 사역에 분명하게 역사하고 계신다는 사실을 느끼고, 모세가 시내산 위에서 하나님과 함께 있을 때 경험한 것이 '바로 이런 것이구나' 라는 생각을 하기도 한다. 물론 어느 것이 시내산 위에서 한 경험이며, 어느 것이 오르막길 싸움인지 분간할 수 없는 경우도 종종 있다.

2003년 가을에 윌로크릭은 한창 정상에 머물러 있었다. 그때는 새로 지은 7,200석짜리 강당을 개관한 지 일 년이 지난 뒤였다. 나는 그 성대한 개관식에서 가졌던 흥분이 모두 가라앉은 다음(그리고 자신들이 어디에 앉으면 좋을지 한참 고민도 하면서), 사람들이 곧바로 이런 질문을 제기하기 시작했다는 사실을 알게 되었다. "이제 무엇을 해야 할까? 어떻게 하면 이 아름다운 공간을 우리의 지역사회에 다가가고, 이 땅에 영향력을 발휘하도록 사용할 수 있을까?" 그들은 그런 대의명분을 위해 많은 희생을 치르고 수천만 달러를 헌금했으므로 내게는 그 질문이 무척 타당해 보였다.

이 질문이 나오기 전에 이미 우리는 몇 가지 전략적인 계획을 세워야 할 때가 되었음을 깨달았다. 하나님께서 우리 교회가 다음 몇 년 동안 무엇을 하기 원하시는지 분명히 알아야 했다. 전략적 계획은 과거에 우리를 크게 만족시켜 주었던 유용한 도구였다. 그래서 우리는 한 걸음 더 나아가고자 선임 교역자들과 장로들, 각 기관장을 모아 긴밀한 협력기구를 결성했다.

전략 계획을 수립할 때, 우리의 과제를 다음과 같이 간단하면서도 근본적

몇 가지 전략적인 계획을 세워야 할 때가 되었음을 깨달았다.

three questions
세 가지 질문

인 3가지 질문을 중심으로 구성하는 것이 도움이 된다는 점을 깨달았다.

- 우리는 지금 어디에 있는가?
- 우리는 지금 무엇을 보는가?
- 우리는 어떻게 그곳에 도달할 것인가?

우리는 지금 어디에 있는가? 우리는 미래를 내다보기에 앞서서 먼저 한 걸음 뒤로 물러나 우리 교회 안에서, 지역사회 안에서 실제로 어떤 일이 진행되고 있는지를 알아야 한다. 즉 우리에게 주어진 임무를 얼마나 잘 달성하고 있는가? 왜 사람들은 교회에 나오는가? 왜 사람들은 교회를 떠나는가? 우리만의 독특한 경쟁력, 곧 우리가 현재 가장 잘하는 것은 무엇인가? 재정 현황과 시설 상태는 어떠한가? 우리가 속한 지역 공동체와 광역 자치단체가 안고 있는 절박한 문제는 무엇인가? 우리는 이들 질문에 진솔한 대답을 얻기 위해 애쓸 필요가 있다. 다시 말해 우리의 현재 상황에 대한 **정확한 판단**이 필요하다는 의미다.

우리는 지금 무엇을 보는가? 구체적으로 말하면, 우리는 이런 질문을 던질 필요가 있다. 우리는 지금 미래의 무엇을 보는가? 하나님이 다음 5년 동안 우리 교회를 통해 무엇을 하기 원하시는가? 미래의 어떤 모습이 모든 사람의 열정에 불을 지필 수 있는가? 다시 말해 우리에게는 분명한 **비전**이 필요하다는 의미다.

우리는 어떻게 그곳에 도달할 것인가? 먼저 우리가 처한 현실과 우리가 가진 비전이 명확해진 다음에야 이 질문에 대답할 수 있다. 우리는 기존에 있던 곳과 앞으로 나아가고자 하는 곳 사이에 존재하는 간격을 연결하는 데 도움이 되는 구체적인 행동이 무엇인지 결정해야 한다. 또한 우리가 채택하게 될 구체적인 전략을 규정하고, 주어진 자원을 지혜롭게 활용할 수 있도록 우선순위를 정해야 한다. 다시 말해 **행동 계획**(Action Plan)이 필요하다는 의미다.

> 우리는 미래를 내다보기에 앞서서 먼저 한 걸음 뒤로 물러나 우리 교회 안에서, 지역사회 안에서 실제로 어떤 일이 진행되고 있는지를 알아야 한다.

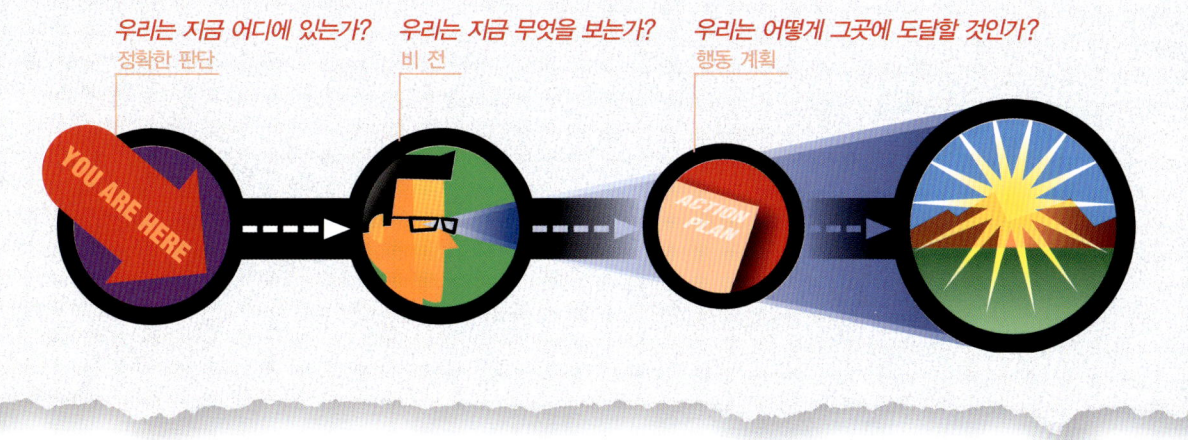

통찰력 얻기

우리는 첫 번째 질문인 "우리는 지금 어디에 있는가?"를 시작으로 교회 안에서 실제로 무슨 일이 일어나고 있는지 파악해야 한다. 이 질문에 대해 정확한 대답을 얻기 위해서는 우리 교회 안에서 어떤 일이 실제로 일어나고 있으며, 또한 일어나고 있지 않은지에 관해 모든 사람의 좋은 의견 그 이상이 필요하다. 우리에게는 교인 전체에 대한 조사가 필요하다는 말이다.

그래서 1992년 첫 번째 조사를 실시했고 그 후로 3년 혹은 그 비슷한 주기로 여러 가지 내용을 알기 위해 교인 전체를 대상으로 조사를 실시해 왔다. 무엇보다 사람들이 왜 우리 교회에 나오는지 알고 싶었으며, 그들이 어떤 프로그램과 활동에 참여하는지 알고 싶었다. 또한 그들이 어디에 거주하는지 파악함으로써 교회 주변에 있는 다양한 지역사회에 어떤 영향을 미치고 있는지 파악할 수 있기를 원했다.

해를 거듭하면서 이들 조사에서 얻은 새로운 깨달음은 우리의 생각을 구체적으로 구성하거나 재구성하게 해주었으며, 우리의 계획에 직접적인 영향을 미치게 되었다. 예를 들어 1995년 교인들 가운데 3분의 1 이상이 우리 교회 예배에 참석하려고 30분 이상 차를 운전하고 온다는 사실을 발견했다. 그리고 우리는 이들이 교회에 다니지 않는 이웃이나 친구들을 예배에 초청하지 않으며, 다른 전략적인 사역에도 적극적으로 참여하지 않는다는 사실을 알게 되었다. 결론적으로 교인들 가운데 30퍼센트 이상이

그래서 우리는 첫 번째 질문인 "우리는 지금 어디에 있는가?"를 시작으로 교회 안에서 실제로 무슨 일이 일어나고 있는지 파악해야 한다.

우리의 사명인 예수를 믿지 않는 사람들을 예수 그리스도의 헌신된 제자로 만드는 일에 동참하지 않는다는 사실을 발견한 것이다.

이처럼 정신이 번쩍 들도록 만든 현실의 모습은 몇 가지 힘든 질문을 제기하도록 만들었다. 우리는 그런 사람들 가까운 곳에 새로운 교회를 세우고 있는가? 그들에게 현재 그들이 살고 있는 가까운 곳에 위치한 교회에 다니도록 권면하는가? 우리는 아무것도 하지 않으면서 그저 그들이 어느 교회든 다니고 있다는 사실만으로 기뻐하는가? 이 물음에 대한 대답은 쉽지 않았고, 우리는 몇 년 동안 이 문제를 부둥켜안고 씨름해야 했다. 마침내 2000년 우리는 지역 사역 전략(regional ministry strategy)을 착수하기 위한 계획을 추진했고, 그 결과 지금까지 4곳의 캠퍼스를 추가로 건설하여 5천 명 넘는 사람이 집과 가까운 곳에 위치한 교회에 다닐 수 있게 되었다. 이 조사가 없었다면 나는 우리의 전략 계획이 절대 이 방향으로 나아가지 못했을 것이라고 확신한다.

새로운 깨달음, 새로운 접근법

여기서 우리 교회의 주차장에 새로운 강당이 세워지고 새로운 비전에 대한 필요성이 한창 일어났던 2003년 가을로 돌아가 보겠다. 나는 우리의 전략 계획을 수립하는 과정에 새로운 활력을 불어넣고자 다시 한 번 조사를 실시해야 할 필요성을 느꼈다. 이런 종류의 조사를 예전에도 시행한 적이 있어서 나는 내가 어떤 것을 기대하는지 잘 안다고 생각했다. 그러나 하나님은 그것과 전혀 다른 무언가를, 아니 전혀 다른 사람을 마음에 두고 계셨다.

어느 날 나는 새로운 커뮤니케이션 디렉터인 캘리 파킨슨과 함께 모임을 마무리하던 중이었다. 나는 캘리가 사무실을 나가기 전에 그녀에게 마지막으로 질문을 던지기로 마음먹었다. 그 당시 빠르게 변화하는 여러 사역의 요구를 마치 3개의 공으로 저글링을 하는 곡예사처럼 모두 떠맡고 있던 나로서는 진행하던 모든 사역을 챙기는 일이 너무 버거웠다. 나는 가끔씩 다음의 간단한 질문을 던짐으로써 중요한 것을 놓치지 않을 수 있었다. "지금 진행하는 사역들 가운데 내가 반드시 알아야 한다고 생각하는

> "지금 진행하는 사역들 가운데 내가 반드시 알아야 한다고 생각하는 것이 있소?"

것이 있소?"

그러자 캘리는 "솔직하게 말씀드리자면, 있어요"라고 대답했다.

그녀는 예전에 올스테이트 보험회사(Allstate Insurance)에서 간부로 근무할 때 어떤 컨설팅을 시행하기 위해 에릭 안슨이라는 사람을 고용한 적이 있다고 말했다. 당시 에릭의 혁신적인 리서치는 올스테이트가 기존 고객과 잠재 고객의 마음속에서 어떤 일이 일어나는지 분명하게 파악할 수 있도록 도와주었다고 했다. 캘리는 최근에 그가 동업자로 있던 매니지먼트 컨설팅 업체인 맥킨지 앤 컴퍼니(McKinsey & Company)를 떠났다고 말했다. 나 또한 윌로크릭에 교역자로 합류하기 전 맥킨지에 5년 동안 몸담았던 적이 있어서 그에게 관심이 생겼다.

그때 캘리가 "에릭이라면 우리가 진행하려는 다음 리서치에 큰 도움이 될 거예요"라고 말했다. 그 말은 내가 지금껏 들어 본 이야기 중 가장 큰 과소평가가 되고 말았다.

우리는 에릭이 제공해 준 세계적 수준의 경험을 바탕으로 다음과 같은 내용이 포함된 3년 과정의 연구조사 프로젝트를 출범시켰다.

- 2004년 윌로크릭에 출석한 사람들이 작성한 6,000개의 설문지 분석
- 2004년 일 년 이내에 윌로크릭을 떠난 사람들이 작성한 300개의 설문지 분석
- 2007년 윌로크릭과 미 전역에 위치한 다른 6곳의 교회에 다니는 사람들이 작성한 5,000개의 설문지 분석―이들 교회는 모든 교회를 대표하는 작은 표본으로 독립 교회와 교단에 속한 교회를 총망라하고 있으며 위치와 연령, 문화적 다양성을 모두 대변한다.
- 사람들의 영적 삶을 조사하기 위해 (2004년, 2007년) 실시한 120건 이상의 일대일 심층 면접
- 성경공부 및 영성 훈련과 인간 개발에 관련된 100여 권 이상의 서적과 논문 연구
- 영적 성장 분야 전문가의 컨설팅

에릭의 독창성을 가진 분석적 접근법은 우리에게 전통적인 연구조사 방법을 사용할 때보다 훨씬 깊이 그 문제에 파고들어갈 수 있도록 해주었다 (더 자세한 정보를 얻으려면 25-26쪽에 실린 "과연 마음을 측정하는 일이 가능한가?" 참조). 그리고 그 결과 우리는 이제껏 한 번도 얻지 못했던 통찰력을 가지게 되었다. 실제로 그 결과는 대단히 놀라운 것으로, 우리의 전략 수립 과정은 그 결과를 받아들이기 위해 상당 부분 속도를 늦추어야만 했다.

그리고 3년 동안 우리 교회의 집행부에서는 이 조사를 통해 밝혀진 내용들을 갖고 씨름해 왔다. 이 일을 통해 교회를 운영하는 것과 관련해 모든 것을 다시 생각해 보는 기회를 갖게 되었다. 우리는 조사 결과를 철저히 검증함으로써 그것이 믿을 만한 내용임을 확신했다.

다음에서 우리가 발견한 것들을 당신과 함께 나누고자 한다. 우리는 새롭게 깨달은 것들이 우리만 알고 있기에는 너무나 중요한 것임을 믿어 의심치 않는다.

그리고 생각해 보면 이 모든 것은 "우리는 지금 어디에 있는가?"라는 질문에서 비롯되었다.

> 이 일을 통해 교회를 운영하는 것과 관련해 모든 것을 다시 생각해 보는 기회를 갖게 되었다.

we want to share what
we discovered

우리가 발견한 것을 나누기 원한다

과연 마음을 측정하는 일이 가능한가?

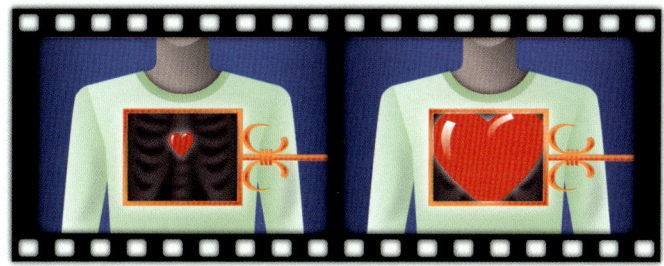

나는 소비자 조사전문가의 한 사람으로서 물품 판매를 증진시키려고 소비자의 마음을 읽는 일에 전념해 왔다. 나는 성과 인종, 연령, 수입 등 겉으로 드러난 특징의 이면을 파악하기 위해 과학적인 기법을 사용한다. 피상적인 것보다는 소비자에게 어떤 다른 물건 대신 바로 그 물건을 선택하게 만드는 한 단계 깊은 문제, 곧 감성이나 동기 그리고 욕구를 파악하는 데 전념해 왔다. 바꾸어 말해 나는 사람들이 그 물건을 구입하도록 유도하는 보이지 않는 실체 혹은 무형의 어떤 것을 측정한다.

마음을 측정하다

그렉은 내게 사람의 마음을 측정할 수 있는 도구(영화『그린치』에 나오는 마법 엑스레이 기계처럼)를 가졌으면 좋겠다고 말했는데, 그것은 바로 사람들의 감정과 태도에 초점을 맞춘 이런 조사 기법을 말한 것이었다. 우리는 시장이라는 영역에서 이런 종류의 렌즈를 통해 소비자를 바라보는 것이 단순한 통계조사보다 훨씬 더 강력하다는 사실을 발견했다. 왜냐하면 이 방법은 조사전문가들이 '예측 가능성(predictiveness)'이라고 부르는 더욱 강력한 측정 도구를 만들어 내기 때문이다.

예측 가능성은 어떤 사람이 일정한 방식으로 행동할지 아닐지 혹은 새 제품을 구매할지 아닐지 여부를 예측하도록 해주는 수치로, 매우 논리적인 것이다. 사람들이 무언가에 대해 갖는 느낌은 그 사람의 행동에 영향을 미친다. 우리가 사용하는 측정 방법은 자기 기술적인 것으로(self-descriptive), 우리는 소비자가 어떤 제품에 대해 보이는 반응의 강도를 측정함으로써(예를 들어 '매우 그렇다' '그렇다' '그렇지 않다' '매우 그렇지 않다' 등) 그들이 그 물건에 대해 어떻게 느끼는지를 묻는다. 우리가 실시한 영적 성숙도 조사에서는 사람들이 자기 신앙에 대해 어느 정도 감정적으로 공감하는지를 측정하기 위해 "나는 하나님을 다른 무엇보다 사랑한다" "나는 내가 아는 사람들과 알지 못하는 사람들을 향해 매우 큰 사랑을 갖고 있다" 등의 진술에 대해 어느 정도의 강력한 느낌을 갖는지를 물었다.

그러나 단순히 감정과 마음가짐(사람들이 어떤 대상에 대해 어느 정도 강하게 느끼는지)을 측정하는 것만으로 이 작업이 독창성을 띠게 된 것은 아니다. 이 접근 방법을 강력하게 만든 것은 우리가 마음가짐의 반응(위에서 언급한 것과 같은)과 행동의 반응을 서로 비교하고 연결할 수 있게 되었다는 사실이다. 우리가 실시한 영적 성장 조사에는 교회에서의 봉사나 성경공부, 예배 출석, 소그룹 참여, 기도, 개인 묵상 등 행동에 관련된 질문이 포함되었다. 심지어 사람들이 영적 생활 가운데 인터넷을 어떻게 활용하고 있는지도 물어보았다.

마음가짐과 행동 사이에 존재하는 고도의 상관관계는 예측 가능성으로 불린다. 우리는 영적 성장과 관련된 일을 하면서 직접적으로 연

과연 마음을 측정하는 일이 가능한가?

결되는 일단의 '세그먼트'(공통의 특성을 갖고 있는 사람들의 '집단')를 형성하는 행동과 마음가짐을 탐색했다. 그다음 그 렌즈를 통해 사람들이 교회로부터 무엇을 원하는가에 관한 또 다른 아주 중요한 질문을 바라보았다. 이를테면 자기 교회에 대한 만족도 수준을 측정하기 위해 사람들에게 "교회는 내가 성경을 더 깊이 이해하는 데 도움이 된다" "내가 교회에 속해 있다는 느낌을 갖게 해준다" 등의 진술에 대한 반응을 조사했다. 우리는 그들의 응답을 기초로 가장 중요한 발견을 했는데, 그것은 사람들이 자신의 영적 성장을 이루려면 무엇이 필요한가에 대한 이해였다.

"마음가짐/감정 + 행동 = 특별한 욕구를 갖고 있는 사람들의 집단"이 우리가 개발한 그린치의 마법 엑스레이 기계의 공식이다.

예측 가능성

사람들의 마음과 생각을 사로잡는 것이 무엇인지 인식할 수 있는 이런 능력을 가진 교회는 시간과 자원을 어떻게 사용할지에 관한 효과적인 전략을 선택할 수 있는 능력이 극적으로 증진된다.

효과적인 선택

다음 표는 이 개념을 쉽게 이해할 수 있게 해주는 실물 시장에서의 본보기와 교회에 관련된 사례들을 비교한 것이다. 상품시장에서 기업은 표적이 되는 커다란 마켓 집단을 발견하고, 그들의 수요를 충족시키려고 노력한다. 그러나 우리는 진행 중인 영적 성장과 관련된 이 프로젝트를 통해 단순히 개인이 가진 구체적인 욕구가 무엇인지 이해하는 차원을 넘어서길 원한다. 특히 사람들의 영적 성장에 촉매제가 되도록 고안한 교회의 새로운 시도와 사역 활동에 어떤 기회가 주어지는지 파악할 수 있기를 원한다. 이것이 교회의 목표와 기업의 전형적인 목표 사이에 존재하는 핵심적인 차이점이다. 우리는 영적 성장 과정에서 하나의 단계에서 다음 단계로 나아가기 위해 교회가 할 수 있는 모든 것을 하길 원한다.

표 2-1 **시장과 교회에서 마음 측정하기**

집 단	마음가짐/감정 + 행동	잠재적 욕구	미치지 못하거나 만족스럽지 못한 잠재적 욕구
시장에서의 소비자: 예를 들어 상당한 수준에 오른 아마추어 운동선수	• 그(녀)가 먹는 것과 마시는 것이 무엇인지 관심을 가진다 • 그(녀)가 먹는 것과 마시는 것을 통해 운동 능력을 최대화하기를 (타협하지 않고) 원한다	스포츠 활동을 하는 동안 경기 능력을 유지하기 위해 수분을 보충한다	건강에 좋은 고기능성 음료
교회 안에서의 개인: 예를 들어 그리스도를 중심에 모신 성도	• 자원봉사를 즐기면서 섬김을 삶의 일부로 여긴다 • 하나님과 이웃에 대한 큰 사랑을 경험한다	광범위한 분야에서 섬김의 기회를 가진다	다른 사람의 영적 성장을 코치하거나 멘토링할 수 있는 기회

캘리 파킨슨(CALLY PARKINSON)

RE

❸ 우리는 무엇을 발견했는가?

당신의 사고방식을
바꾸어 놓을 6가지
충격적인 발견

3 years
3년

사람들이 어떻게 영적으로 성장하는지를 측정하기 위해 마련된 **3년에 걸친 조사 결과**는 개인이 어떤 영적 성장 과정의 길을 걷는지, 그 과정에서 어떤 특별한 것을 필요로 하는지, 그리고 교회가 그 필요들을 어떻게 채워 주었는지 혹은 채워 주는 데 실패했는지를 확실하게 보여 주었다. 이렇게 해서 얻은 6가지 도발적 발견은 교회가 사역과 관련된 전략을 새롭게 고찰하기 위한 출발점을 제공해 준다.

2.6 million data points
2백 6십만 개의 답변

우리는 무엇을 발견했는가?

<u>우리의 조사 목표</u>는 그리 녹록하진 않지만 간단한 것이었다. 우리는 사람들한테서 영적 성장의 증거를 찾고, 그다음 어떤 종류의 활동이나 환경이 그 영적 성장을 촉발시켰는지 파악하려고 했다.

하나님과 다른 사람들을 향한 사랑이 커지는 것은 우리가 전에 가졌던 영적 성장에 대한 확실한 정의였다. 이는 예수님이 말씀하신 가장 큰 계명 두 가지에 근거한 것이다. "네 마음을 다하고 목숨을 다하고 뜻을 다하여 주 너의 하나님을 사랑하라 하셨으니 이것이 크고 첫째 되는 계명이요 둘째도 그와 같으니 네 이웃을 네 자신 같이 사랑하라 하셨으니"(마 22:37-39). 우리는 이 말을 하나님과 다른 사람들을 향한 그 사람의 사랑이 커질 때 비로소 영적 성장이 일어난다는 의미로 이해했다.

이러한 목표를 달성하기 위해 우리는 3년 동안 11,000개가 넘는 완성된 설문지에서 얻은 260만 개의 자료 항목을 바탕으로 조사 분석을 실시했다. 그 작업에는 윌로크릭을 비롯해 다른 여섯 교회에서 얻은 자료도 포함되었다. 그 여섯 교회는 지리적 위치와 규모가 실로 다양한데, 플로리다와 캘리포니아에 위치한 대형 교회에서 일리노이와 오하이오, 텍사스에 위치한 시골 교회, 그리고 그보다 더 작은 미시간에 위치한 흑인 중심의 교회로 구성되었다. 또한 그 교회에는 교단 소속 교회, 구도자 중심 교회, 독립 교회, 성경 교회가 포함되었다.

> 우리는 사람들한테서 영적 성장의 증거를 찾고, 그다음 어떤 종류의 활동이나 환경이 그 영적 성장을 촉발시켰는지 파악하려고 했다.

11,000 surveys
1만 1천 개의 설문지

어떻게 시작했는가

모든 조사의 첫 번째 단계는 하나의 가설을 수립하는 것이다. 가설은 우리가 발견할 거라고 예상되는 내용을 하나의 명제로 만든 것이다. 조사자는 훌륭한 탐정과 매우 유사한 역할을 하는데, 일의 진행 방향을 정하려고 다양한 장소에서 단서를 찾는다. 가설들은 어떤 질문을 제기할 것인지 정하는 데 도움이 되고, 자료를 분석하는 데 있어 지침이 된다.

우리는 기존 윌로크릭의 교인조사 자료와 교회에 출석한 사람들과 가진 120회 이상의 일대일 면접조사를 합한 자료를 바탕으로 몇 개의 가설을 수립했다. 그리고 교계에 새로이 부각되는 흐름, 예를 들어 한창 인기를 끌고 있는 포스터 모던 교회나 구도자 대상 예배와 일반 성도 대상 예배의 분리 움직임 등을 평가했다.

그러고 나서 이 모든 배경 지식과 분석을 통해 우리를 인도할 다음 3가지 가설을 설정했다.

> 1. 영적 성장으로 나아가는 길은 교회 활동을 바탕으로 한다.
> 2. 가장 효과적인 복음 전도의 도구는 영적인 대화다.
> 3. 영적 인간관계는 영적 성장의 핵심 동력원이다.

we evaluated
emerging trends

우리는 최근에 부각된 경향을 조사했다

가설 1: 영적 성장으로 나아가는 길은 교회 활동을 바탕으로 한다

우리는 영적 성장이 소그룹이나 봉사활동, 주중의 신자 예배(주말의 구도자 예배도 포함해서) 그리고 성경공부 모임 등 교회 활동에 더 많이 참여하는 것에 달려 있다는 가설을 세웠다. 바꾸어 말하면 우리의 가설은 사람들이 교회 행사와 모임에 더 많이 참여할수록 그리스도께로 더 가까이 성장한다는 것이었다. 또한 우리는 영적 성장을 방해하는 2가지 장애물은 다음과 같은 것이라고 추측했다. 하나는 교회 활동에 참여하는 것을 방해하는 시간과 일정상의 갈등이고, 다른 하나는 소그룹의 전반적인 효율성 부족이다.

가설 2: 가장 효과적인 복음 전도의 도구는 영적인 대화다

일대일 인터뷰는 다음의 가설로 우리를 인도했다. 즉 구도자와 영적인 대화를 갖는 것이 개인 전도를 위한 가장 효과적인 전략이며, 복음 전파에 효과적인 대화 형식에는 각기 다른 다양한 방식이 존재한다는 것이다. 우리는 영적 대화를 더 많이 강조하고 다양한 복음 전파 양식을 인정하는 것이 회중이 구도자에게 다가가는 일에 더 많은 열심을 가져다줄 거라고 믿었다.

가설 3: 영적 인간관계는 영적 성장의 핵심 동력원이다

우리가 과거에 실시한 조사들을 살펴보면 사람들은 더 깊은 영적 관계를 위해 소그룹을 필요로 했다. 그러나 일대일 면접조사를 통해 사람들한테서 소그룹에서의 경험 가운데 무언가가 빠져 있다는 느낌을 받는다는 말을 계속 들어 왔다. 그래서 이런 유대감의 부족을 채워 주는 일에 있어 소그룹의 효율성에 관해 더 깊은 이해가 필요하다는 사실을 깨닫게 되었다.

> 우리의 가설은 사람들이 교회 행사와 모임에 더 많이 참여할수록 그리스도께로 더 가까이 성장한다는 것이었다.

>우리는 사용 가능한 최첨단의 조사 방법에 근거한 전산조사를 도입했다.

이 3가지 가설을 바탕으로 우리는 사용 가능한 최첨단의 조사 방법에 근거한 전산조사를 도입했다. 그 작업에는 광범위한 심층 작업(심도 있는 일대일 면접), 세계 최고의 고객시장 조사 기업에 의한 전문적인 조사 기획과 자료 분석이 포함되었다. 거기에 에릭 안슨과의 만남을 계기로 우리는 경험이 풍부한 여러 조사전문가를 통해 독립적인 분석으로부터 유익을 얻을 수 있었고, 국제적인 조사 그룹의 객관적인 평가도 함께 받았다.

이제 그 조사 결과를 살펴보려고 한다. 하지만 그에 앞서 이 3가지 가설을 잊어선 안 된다. 가설이 적중했는지 아닌지 평가하기 위해 다시 이 자리로 되돌아올 것이기 때문이다.

우리가 발견하지 못한 것

우리가 발견한 것을 밝히기 전에 발견하지 못한 3가지의 핵심 관찰 내용을 언급하는 일은 매우 중요하다.

관찰 1

남녀의 성별은 영적 성장에 별다른 영향을 미치지 않는다. 우리는 표본에서 여성에 대한 편견을 가졌는데, 그것은 여성이 남성보다 더 많이 참여했다는 이유 때문이다. 그러나 남성과 여성의 응답 차이는 조사 항목에 들어간 대부분의 질문에서 놀라울 정도로 적었다. 이 사실은 조사 결과는 통계적으로 남녀 간의 차이가 없으며, 남성과 여성에 상관없이 모두 동등하게 적용된다는 것을 의미한다.

관찰 2

나이는 영적 성장에 중요한 영향을 미치지 않는 것으로 나타났다. 19세부터 60세까지의 사람들에게 받은 응답은 극히 적은 차이점을 보이긴 했지만 거의 유사했다. 이 조사 결과는 영적 성숙에 이르는 길은 나이와 아무 상관이 없다는 것을 의미한다.

관찰 3

영적 성장 과정은 교회마다 크게 다르지 않았다. 이 사실은 영적 성장에 이르는 길에 나타나는 마음가짐이나 행동, 믿음의 유형이 교회마다 유사하다는 것을 의미한다. 아직까지는 겨우 일곱 개 교회의 회중만 조사했다. 그러나 이 유형이 일관되게 나타난다는 것은 매우 중요한 사실로, 다음에 소개되는 우리가 발견한 6가지를 살펴보는 가운데 분명히 드러날 것이다.

> 영적 성장에 이르는 길에 나타나는 마음가짐이나 행동, 믿음의 유형이 교회마다 유사하다는 것을 의미한다.

우리가 발견한 6가지 사실

그동안 모은 자료에서 6가지 사실을 발견했는데, 먼저 우리의 허를 찌른 것부터 고백하겠다.

1. 교회 행사에 참여한다고 해서 장기적인 영적 성장이 예측되거나 이루어지는 것은 아니지만, 예측 가능하고 강력한 '신앙의 성장 과정'은 존재한다

우리는 교회 활동 자체만으로는 사람들을 영적 성장으로 인도하지 못한다는 결론에 이르렀는데, 그것은 다음과 같은 진술에 동의하는 정도가 점점 거세질 것이라고 예측할 수 있는 흐름을 기대했기 때문이다.

나는 하나님을 다른 무엇보다 사랑한다.

나는 내 삶의 모든 분야에서 하나님의 인도하심을 구한다.

나는 내가 아는 사람과 그렇지 못한 모든 사람을 향하여 크나큰 사랑을 갖고 있다.

서로 영적 행동과 마음가짐이 정비례 관계에 있을 것으로 예상했다.

우리는 교회 활동에 많이 참여하는 사람과 적게 참여하는 사람을 대상으로 이 명제를 비롯해 이와 관련된 영적 행동(복음 전파, 봉사 등)을 비교하면서 서로 정비례 관계에 있을 것으로 예상했다. 바꿔 말해서 교회 참여가 직접적으로 영적 성장과 관계가 있다면 다음과 같은 표를 얻게 될 것이다.

교회 활동이 반드시 영적 성장을 가져온다는 가정 하에
우리가 볼 수 있는 모습이다

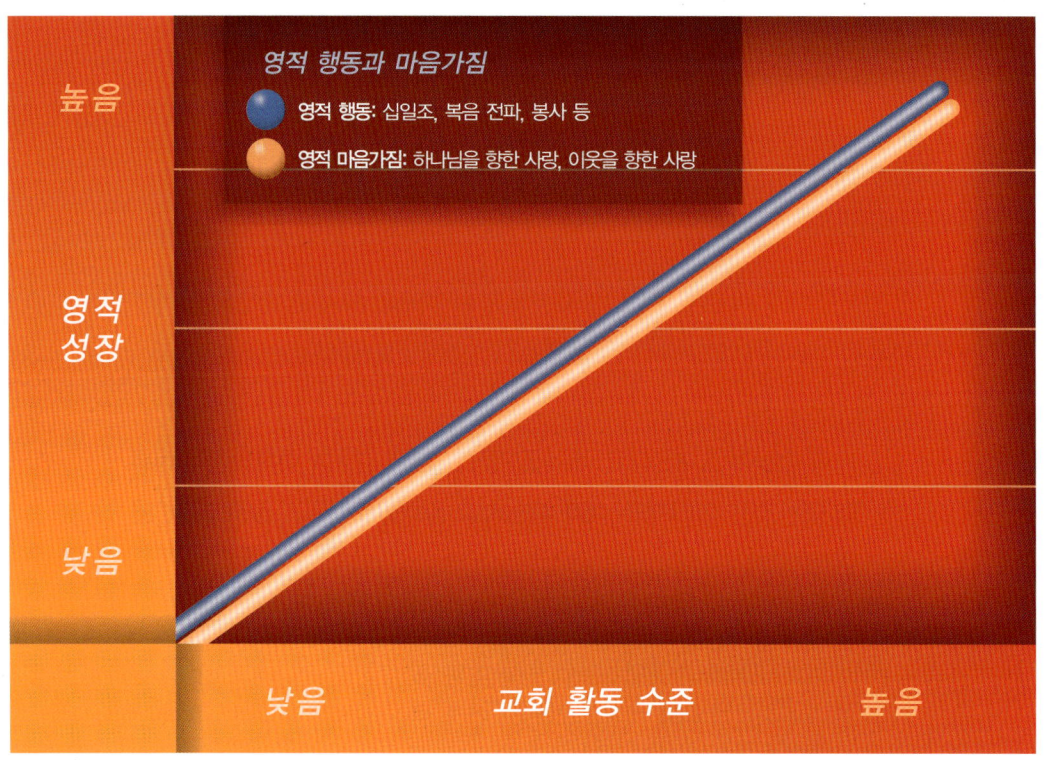

표 3-1 교회 활동(예배 출석, 소그룹 참여 등)에 많이 참여할수록 그만큼 영적 성장이 일어난다면 참여도의 낮음-중간-높음 단계와 영적 성장의 낮음-중간-높음 단계에서 정비례하는 일차 곡선이 나타난다.

그런데 실제로 나타난 표는 다음과 같은 모습이었다.

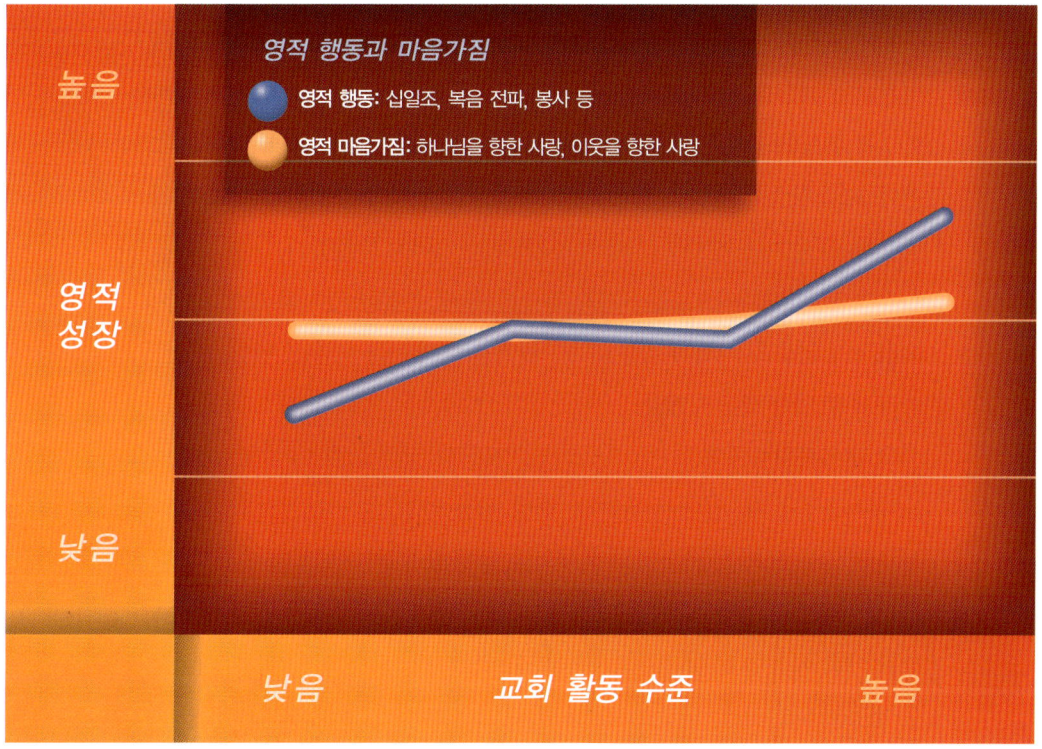

조사 결과를 바탕으로 하면 교회 활동과 영적 성장 사이의
상관관계는 제한적인 것으로 나타났다

표 3-2 이 조사는 교회 활동의 참여가 증가할 때 영적 행동이 어느 정도 증가하고 있음을 보여 주지만, 참여도의 낮음-중간-높음 단계와 "하나님을 향한 사랑, 이웃을 향한 사랑"의 낮음-중간-높음 단계 사이에는 거의 상관관계가 없다.

우리는 교회 활동이 활발하다고 해서 하나님과 이웃을 향한 사랑이 증가한다고 말할 수 없다는 사실을 발견했다. 그렇다고 오해하지는 말기 바란다. 이 말은 교회 활동에 많이 참여하는 사람들이 하나님을 사랑하지 않는다는 의미가 아니다. 다만 그들이 교회 활동에 덜 참여하는 사람들보다 하나님을 훨씬 많이 사랑하고 있음을 보여 주지 않는다는 의미다. 바꿔 말하면 교회 활동의 증가가 곧 하나님을 향한 사랑의 증가로 이어지지는 않는다는 것이다.

we found what we call a
spiritual continuum

우리는 '신앙 성장 과정'이라는 것을 발견했다

우리는 교회 활동에 대한 참여가 그리스도인의 행동에 어느 정도 영향을 미친다는 사실을 발견했다. 이 사실은 사람들이 교회 활동에 더 많이 참여할수록 봉사와 십일조 등에도 더 적극적으로 참여한다는 것을 의미한다. 그러나 교회 활동이 많다고 해서 그것이 곧바로 우리가 규정하는 영적 성장, 곧 "하나님과 이웃에 대한 사랑의 증가"로는 이어지지 않았다.

교회 활동 자체만으로는 3가지 진술을 통해 측정한 것처럼 영적 성장에 직접적인 영향을 미치지 않는데, 그 관계는 평행선을 이루고 있다. 이것은 깜짝 놀랄 만한 발견이었다.

그러나 사람들에게 (여러 가지 방법으로) 자신의 영적 삶을 어떻게 설명하겠느냐고 물었을 때, 앞에서 우리가 '신앙 성장 과정'(spiritual continuum)으로 부른 고도로 예측 가능한 영적 성장의 흐름을 발견할 수 있었다 (표 3-3 참조) 사실 우리와 함께한 조사전문가들은 이 조사가 자신들이 지금껏 보아 온 고도로 예측 가능한 모델 가운데 하나라고 말했다. 이는 곧 우리가 측정한 모든 행동과 마음가짐, 믿음이 이런 신앙 성장 과정에 한 발 앞서서 하나님과 이웃을 향한 사랑의 증가(즉 영적 성장)와 판에 박은 것처럼 연계되어 있다는 것을 의미한다. 그리고 이 신앙 성장 과정은 그 중심에 교회 활동이 아니라 예수 그리스도와의 관계가 점점 성장하는 것이 자리 잡고 있다.

예를 들어 매일 드리는 기도부터 성경 읽기, 봉사, 복음 전도 그리고 가장 중요한 하나님과 이웃을 향한 사랑은 그리스도와의 관계라는 렌즈를 통해 바라볼 때 가장 가파르게 상승했다(표 3-4와 "신앙 성장 과정에 존재하는 4가지 분류 집단" 참조)

하나님과 이웃을 향한 사랑은 그리스도와의 관계라는 렌즈를 통해 바라볼 때 가장 가파르게 상승했다.

조사를 통해 드러난 신앙 성장 과정

기독교를 알아감

"나는 하나님을 믿지만, 그리스도에 대해선 잘 모르겠다. 내 믿음은 삶에서 큰 비중을 차지하지 않는다."

그리스도 안에서 성장함

"나는 예수님을 믿으며, 그분을 알기 위해 여러 가지 일을 하고 있다."

그리스도를 닮아감

"나는 그리스도와 가까이 있으며, 매일 그분의 인도하심에 의지한다."

그리스도를 중심에 모심

"하나님은 내 삶의 전부이며, 나는 그분으로 충분하다. 나의 모든 일은 그리스도를 드러낸다."

표 3-3 이 분류는 사람들이 영적으로 어떻게 성장하는지를 설명하는 가장 강력한 틀이라는 사실을 분명하게 나타내 보여 주었다.

표 3-4 이 표에 나타난 두 직선의 움직임은 영적 성장(영적 행동과 영적 마음가짐)에서의 낮음-중간-높음 단계와 신앙 성장 과정의 4가지 분류 집단 사이에 긴밀한 상관관계가 있음을 보여 준다.

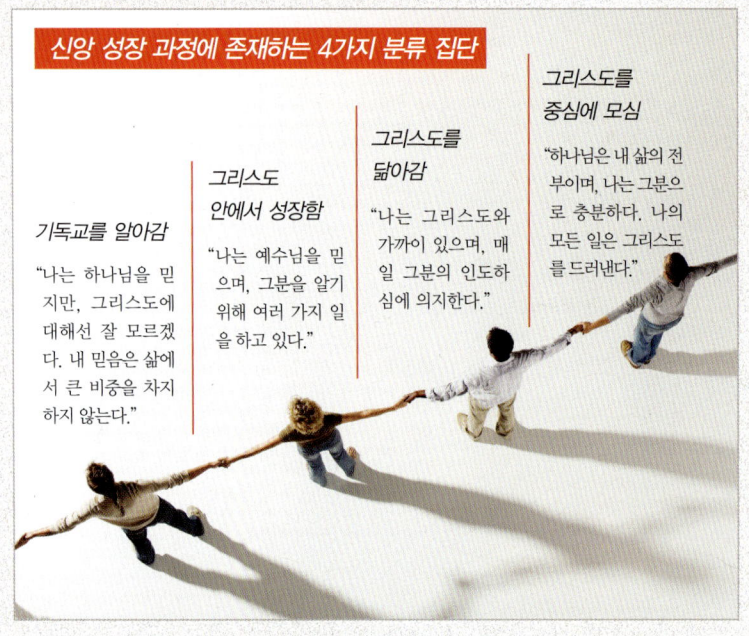

> 어느 한 집단에 속한 모든 사람이 본질적으로 동일한 수준의 영적 행동을 보이고 마음가짐을 가졌다고 믿을 수 있다는 것을 의미한다.

이러한 발견은 특히 중요하다. 앞에서 언급한 신앙 성장 과정이 고도로 예측이 가능하다는 사실은 어느 한 집단에 속한 모든 사람이 본질적으로 동일한 수준의 영적 행동을 보이고 마음가짐을 가졌다고 볼 수 있다는 것을 의미한다. 더 중요한 것은 우리가 사람들을 어느 한 집단에서 다른 집단으로 이동하게 만드는 방아쇠 역할을 하는 요인을 알게 된다면, 어떤 사역을 시작하는 것이 사람들의 신앙 성장, 즉 그들의 개인적인 성장뿐 아니라 전반적인 하나님 나라의 확장에 가장 큰 효과를 불러올 것인지에 대해 훨씬 더 많은 정보를 바탕으로 선택할 수 있다.

2. 영적 성장은 전적으로 그리스도와의 관계가 얼마나 가까우냐에 달려 있다

우리가 설정한 4가지 분류 집단은 그리스도와의 관계가 얼마나 소원한지, 혹은 친밀한지에 따라 규정된다. 우리는 이를 통해 영적 성장의 방아

그리스도 안에서 성장함

이들 초신자는 교회에서의 경험을 통해 자신의 믿음 안에서 성장하며, 교회 밖에서의 일상생활 가운데 개인 신앙 훈련을 접목하기 시작한다.

마음가짐 / 행동
- 믿음이 무엇인지 차츰 알아 가고 있다.
- 영적 문제에 대해 설명해 줄 수 있는 다른 사람의 도움이 필요하다.
- 소그룹에 적극적으로 참여한다.
- 교회의 봉사활동에 참여하는 사람이 하나둘씩 생겨난다.
- 가끔씩 성경이나 기독교 서적을 읽는다.

필요한 것
- 소그룹에 참여할 기회
- 기본적인 개인 신앙 훈련

그리스도를 닮아감

이 사람들은 앞선 집단보다 훨씬 높은 수준의 개인 신앙 훈련을 갖는다. 봉사활동은 이들의 믿음을 표현하는 중요한 수단으로 부각된다. 그리스도를 향한 헌신이 성장하고 있지만 아직은 온전하지 않다.

마음가짐 / 행동
- 성경은 이들의 삶에 방향을 제공해 준다.
- 기도는 이들의 삶에서 중심을 차지한다.
- 자신의 모든 것을 그리스도께 의탁하지는 않는다.
- 이들에게 소그룹은 덜 중요한 의미를 갖는다.
- 신앙으로 맺어진 친구들이 더 중요하게 다가온다.
- 정기적으로 봉사활동을 한다.

필요한 것
- 봉사활동의 기회
- 더 높은 수준의 개인 신앙 훈련

그리스도를 중심에 모심

이들은 자신의 삶을 온전히 그리스도께 드리며, 그것이 영적 행동과 마음가짐 전반에 걸쳐 높은 수준을 나타낸다. 자신의 삶 모든 영역에서 하나님의 인도하심을 구하는 일에 '매우 강력하게 동의'하는데, 이 수치는 다른 집단의 두 배에 이른다.

마음가짐 / 행동
- 그 무엇보다 하나님을 진심으로 사랑한다.
- 기도는 하나님과의 끊임없는 대화다.
- 다른 사람을 멘토링한다.
- 다른 사람을 섬기는 일은 삶의 일상적인 모습이다.

필요한 것
- 멘토가 되어 줄 수 있는 기회
- 봉사활동에 대한 폭넓은 기회

쇠 역할을 하는 요인, 혹은 에릭 안슨이 말한 '동인과 장애물'(drivers and barriers)을 조사하기 시작했다. 이 두 번째 발견, 즉 영적 성장이 전적으로 그리스도와의 관계가 얼마나 가까우냐에 달려 있다는 사실은 우리의 분석 작업이 지닌 초점을 명확하게 만들어 주었다 (신앙 성장 곡선과 관련된 작업에 관해 상세한 설명을 알고 싶다면 40쪽에 나오는 "우리는 어떻게 영적 성장 집단을 발견했는가" 참조).

그러나 이 작업은 곧 딜레마에 부딪히고 말았다. 우리가 내린 첫 번째 결론은 교회 활동이 장기적인 영적 성장을 예측하거나 이끌어 내지 못한다는 것이었다. 이 두 번째 결론에 비추어 첫 번째 결론을 고찰해 보면 약간의 혼란을 일으킬 가능성이 있는데, 그것은 깊은 성찰로 이어질 수도 있다. 만약 교회의 활동이 사람들을 그리스도께로 인도하고 그들이 영적으로 성장하도록 권면하는 일에 전념하고 있다면, 왜 교회 활동에 참여하는 것과 영적 성장 사이에 확고한 상관관계가 보이지 않는 것일까?

왜 이런 불일치가 존재하는가? 우선적으로 이런 대답이 가능하다. 그것

캘리 파킨슨 | 우리는 어떻게 영적 성장 집단을 발견했는가

신앙 성장 과정 안에 존재하는 4가지 분류 집단(기독교를 알아감, 그리스도 안에서 성장함, 그리스도를 닮아감, 그리스도를 중심에 모심)은 응답자 개인이 진술한 예수 그리스도와의 관계를 기초로 분류한 것이다. 이렇게 응답자의 대답에 기초한 작업은 그 결과의 타당성에 의심이 제기될 수도 있다. 사람들이 자신이 실제로 어디에 속하는지 잘못 제시했다면 어떻게 되겠는가? 그럴 경우 결과가 왜곡되지 않았을까? 이런 걱정을 불식시키기 위해 어떻게 4가지 집단을 분류했는지, 그 분류된 집단에서 나오는 데이터를 왜 신뢰할 수 있는지 이유를 설명하겠다.

이렇게 집단을 나눈 것은 사람들이 어떻게 영적으로 성장하는지 밝혀 줄 최고의 준거틀을 모색하는 가운데 주어진 데이터를 여러 가지 방식으로 살펴본 결과다. 우리는 교회 활동과 영적 행동, 인구통계, 연령대, 그 밖에 여러 가지를 분석했다.

그 결과 개인의 영적 성장, 곧 하나님과 이웃에 대한 사랑을 예측해 주는 것으로 예수 그리스도와의 인격적인 관계 이상 가는 것을 찾을 수가 없었다. 이 사실은 우리가 가진 260만 항목의 자료 중 대부분이 신앙 성장 과정 안에서 나타나는 것처럼 응답자들이 진술한 자기 자신과 그리스도와의 관계를 직접 반영하고 있다는 것을 의미한다.

따라서 '기독교를 알아감' 집단에 속한 사람들은 봉사와 십일조, 복음 전도, 기도, 성경 읽기, 하나님에 대한 사랑과 그리스도에 대한 믿음 선포하기를 거의 하지 않았다. 반대로 '그리스도를 중심에 모심' 집단은 이런 행동과 마음가짐을 가장 잘 드러냈다. 조사전문가들이 지금까지 진행해 온 조사들 가운데 가장 예측 가능한 모델이라고 말한 것은 바로 이런 결과를 두고 한 말이다. 즉 신앙 성장 과정 안에서 각각의 집단에 속한 사람들은 매우 일관된 행동과 마음가짐을 보고했다.

여기서 당신은 "만약 하나님을 전혀 모르거나 신앙의 길에 처음 접어든 사람이 설문지에 그리스도를 중심에 모신 사람처럼 응답함으로써 자신을 더 바람직하게 보이려고 했다면 어떻게 하는가?"와 같은 질문을 할 수도 있다. 다시 말해 사람들이 자신의 영적 상태를 속이거나 진실을 가리려고 한다면 어떻게 그 데이터를 믿을 수 있겠느냐는 것이다.

물론 그런 일이 일어나는 것을 막을 방법은 없다. 그러나 그것은 사실상 거의 불가능한 일이다. 그런 일은 여러 개의 항목 가운데 하나를 선택하는 객관식 문제에서 속임수를 쓰려는 학생과 같다. 그래서 한 번의 시험에서는 통할지 모르지만, 포괄적인 주관식 문제나 한 학기 내내 이어지는 과제에서는 그 효과를 발휘하기가 힘들다. 교사는 쪽지시험이나 수업시간에 응답하는 정도, 보고서 제출, 정기적인 시험 등 여러 차례에 걸친 과제를 바탕으로 학생이 그 과목을 제대로 학습하고 있는지 여부를 정확하게 파악한다.

마찬가지로 전문가에 따르면 이 같은 조사에는 5퍼센트 미만의 '거짓' 응답이 나타나는데, 이는 5퍼센트 미만의 사람이 자신이 스스로 제시한 신앙 성장 과정의 단계와 일치하지 않는 마음가짐과 행동을 보고한다는 것을 의미한다. 특히 영적 성장과 같은 정서적으로 민감한 분

우리는 어떻게 영적 성장 집단을 발견했는가

야에서 신앙 수준을 엉터리로 보고한 사람이 그 뒤에 이어지는 다양한 질문에 대해 자신의 마음가짐과 행동에 일관성을 유지하면서 응답하기란 거의 불가능하다. 사실 우리가 얻은 자료 가운데 이런 앞뒤가 맞지 않는 응답을 가끔 발견하기는 했지만, 그 수치가 갖는 의미가 너무 미미해서 나타난 결과의 전체적인 신뢰도를 떨어뜨리지는 못했다.

바로 이런 이유에서 우리는 신앙 성장 단계의 신뢰성을 확신하게 되었다. 왜냐하면 모든 집단 사이에서 강력하면서도 예측 가능한 일관된 행동과 마음가짐을 보았고, 응답들 가운데 주목할 만한 일관성이 있음을 알았기 때문이다.

은 하나님이 우리를 교회가 아니라 그분과의 관계를 성장하게 하는 일에 최우선적으로 붙들어 매셨기 때문이라는 것이다. 이런 '붙들어 맴'이라는 개념에 대해 자연은 훌륭한 예화를 제공해 주는데, 바로 철새의 행동이다. 이 날개 달린 피조물은 그 몸 안에 시계와 나침반이 장착되어 언제 비행을 시작하고 어디로 가야 할지를 알려 준다. 그것은 정말 감탄하지 않을 수 없는 신비로움이다.

하나님이 거위와 참새의 유전자에 집을 찾아가는 본능적인 장치를 심어 두는 놀라운 일을 하신 것처럼 우리의 마음에 본향을 찾아가는 어떤 영적 장치를 심어 두셨을 거라고 상상해 보라. 그것이 바로 이 조사가 가진 놀라운 점이다. 이 조사는 사람이 하나님을 찾게 된다는 성경의 진리에 과학적인 조명을 비추어 준다. 사람은 그 마음에 하나님이 새겨 놓으신 구멍을 채우게 되어 있다. 이는 "사람들에게는 영원을 사모하는 마음을 주셨느니라"(전 3:11)는 말씀을 통해 알 수 있다. 우리에게는 하나님께 가까이 나아가고 싶다는 뜨거운 열정이 있다. 그래서 하나님께 더 가까이 다가갈수록 삶을 살아가는 모습이나 다른 사람들과의 관계가 극적으로 변화하게 된다.

이 조사는 이런 본성이 2가지 외부적 요소에 의해 촉진된다는 것을 보여준다. 그 첫 번째 요소는 교회다 (두 번째 요소는 나중에 이야기하겠다). 그러나 교회가 신앙 성장에서 어떤 역할을 하는지 알게 된다면 깜짝 놀랄 것이다.

3. 교회는 영적 성장의 초기 단계에서 가장 중요한 역할을 하지만, 가장 높은 영적 성장 단계로 나아갈 때는 이차적인 역할로 변경된다

교회는 그리스도와의 관계가 지속되도록 (그리고 계속 성장하도록) 필요한 것을 공급해 줌으로써 사람들을 돕는 역할을 한다. 우리의 조사에 따르면 교회의 역할은 사람들이 신앙 성장 과정에 따라 이동하는 가운데 함께 변해 간다. 표 3-5는 교회의 역할이 각 집단에 따라 어떻게 변화하는지를 보여 준다.

> 우리에게는 하나님께 가까이 나아가고 싶다는 뜨거운 열정이 있다.

the biblical truth: we are 우리가 하나님을 찾도록 설계된 것은 성경적 진리다
wired to seek God

영적 성장에서 가장 중요한 영향력을 발휘하던 교회의 역할은 사람들이 신앙 성장 과정에 따라 성장하면서 부수적인 것으로 변해 간다

기독교를 알아감
- 주일 예배는 가장 중요한 일이다.
- 사람들과 처음 관계를 어떻게 맺느냐가 매우 중요하다.

그리스도 안에서 성장함
- 주일 예배는 여전히 중요하다.
- 소그룹이 갖는 의미가 부각된다.

그리스도를 닮아감
- 주일 예배의 중요도가 감소한다.
- 소그룹의 중요도가 감소한다.
- 봉사활동의 기반을 다지기 시작한다.

그리스도를 중심에 모심
- 교회의 주된 역할은 봉사활동의 기회를 제공하는 것이다.
- 가난한 사람을 섬기는 일이 중요하다.

표 3-5 우리는 개인의 신앙이 성장해 가면서 영적 성장을 촉진시키는 교회의 역할이 체계적인 가르침과 관계 형성의 기회를 제공하는 것에서 봉사활동의 기회를 제공하는 것으로 이동한다는 사실을 발견했다.

표 3-5는 교회가 장기적인 영적 성장을 주도하지 못한다는 우리의 첫 번째 발견을 도출한 몇 가지 요인을 한눈에 보여 준다. 교회는 기독교를 알아 가고 그리스도 안에서 성장하는 신앙 성장 과정의 초기 단계에서는 매우 중요한 역할을 한다. 그러나 교회의 주요 활동, 이를테면 주일 예배와 소그룹 모임은 사람들이 영적으로 성숙해지면서 그 중요성이 떨어진다. 교회는 영적 개발과 영적 관계를 위해 찾아가는 곳이기보다는 봉사활동의 기회를 제공해 주는 발판으로 그 역할이 변모한다. 그래서 신앙 성장의 초기 단계에 가졌던 강력하고 중심적인 교회의 역할은 사람들이 그리스도를 중심에 모시는 영적 집단으로 성장하면서 부수적인 것으로 변경된다.

섬김의 기회들

| 개인 신앙 훈련은 영적으로 한층 성숙한 사람들에게 더욱 중요한 의미를 가진다는 사실을 보여 준다.

따라서 교회가 영적 성장의 마지막 단계를 주도하는 힘이 되지 못한다면, 그 자리를 차지하는 것은 무엇일까? 바로 여기서 영적 성장의 두 번째 외부적 요소가 무대에 등장하는데, 그것은 개인 신앙 훈련이다. 이런 훈련에는 기도와 신앙일기 쓰기, 개인 묵상, 성경공부 등이 포함된다. 이는 개인이 그리스도와의 관계를 성장시키고자 스스로 계획하는 것이다. 이런 개인 신앙 훈련은 모든 단계의 영적 성장에서 반드시 필요하지만, 표 3-6은 이런 훈련이 영적으로 한층 성숙한 사람들에게 더욱 중요한 의미를 가진다는 사실을 보여 준다.

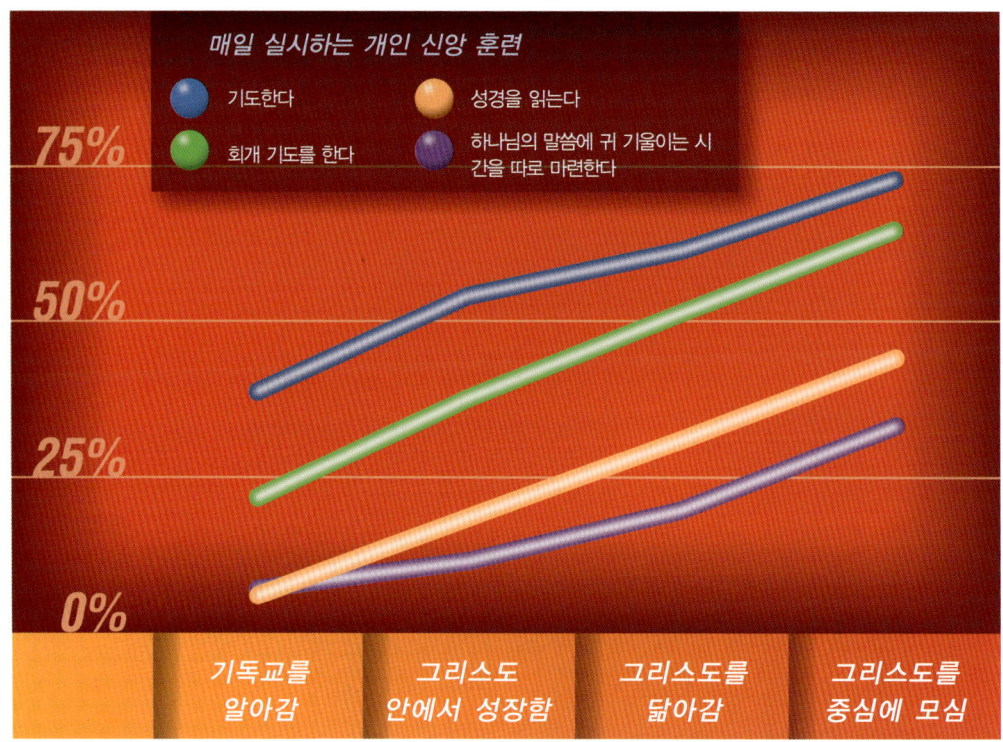

표 3-6 사람들이 영적으로 성장하면서 개인 신앙 훈련이 그들의 삶에서 차지하는 역할이 증가한다는 사실을 단적으로 보여 준다.

4. 개인 신앙 훈련은 그리스도 중심의 삶을 위해 예수 그리스도께 헌신하고 그분과의 관계를 더 깊이 만들어가는 과정이다.

이 네 번째 발견은 다음 2가지 핵심적 관찰 내용과 함께 찾아왔다.

관찰 1

인간의 영혼은 마치 하나님이 새들에게 겨울에 남쪽을 향해 날아가도록 만든 것처럼 그분을 찾도록 만들어졌다. 영혼 안의 영적인 공허함을 채우려는 깊고도 내재적인 갈망은 우리를 신앙 성장으로 나아가도록 자극시켜 준다. 사람들은 하나님을 발견하기 원한다. 이 자연스러운 영적 이끌림은 우리에게 영적 성장의 길을 가도록 떠미는데, 그 길에서 우리는 영적 성장에서 더 높은 단계에 이를수록 교회가 아닌 것의 영향력으로 더욱 풍성해진다.

관찰 2

우리의 조사는 사람들이 영적으로 성장하면서 교회의 영향력이 줄어든다는 것을 강력하게 시사한다. 이 사실은 교회가 가장 높은 수준의 집단이 필요로 하는 영적 성장의 수요를 채워 주는 데 실패했음을 의미하는가? 그리스도와 더욱 친밀한 관계를 맺어 가는 사람들이 개인 신앙 훈련에 관심을 갖는 것은 이런 후기 단계에서 교회가 보여 주는 무기력함이 그 이유인가? 하지만 꼭 그런 이유 때문이라고 볼 수는 없다.

영적 성장은 예수 그리스도께 헌신하고 그분과의 관계가 더 깊어지는 것을 통해 하나님과의 관계가 성장하는 것이다. 관계가 성장하기 위해서는 어떤 관계든 시간과 노력이 필요하다.

결혼을 생각해 보라. 성공적인 결혼은 신혼 초에 보이는 낭만적인 사랑의 일시적인 폭발 위에 세워지는 것이 아니라 노력과 관심과 귀 기울임 위에 세워진다. 건강한 결혼생활을 하는 부부는 그런 일을 배워 간다. 마찬가지로 가장 헌신된 그리스도의 제자는 기도나 성경 읽기, 개인 묵상 등

> *영적 성장은 예수 그리스도께 헌신하고 그분과의 관계가 더 깊어지는 것을 통해 하나님과의 관계가 성장하는 것이다.*

개인 신앙 훈련을 통해 그리스도와의 관계를 돈독히 하는 일에 많은 시간을 할애한다.

우리의 결론

이런 데이터에 근거한 우리의 결론은 다음과 같다. 교회는 신앙 성장에서 높은 단계에 접어든 사람들을 붙잡아 둘 필요가 없다. 진정한 그리스도 중심의 삶은 근본적으로 예수 그리스도와의 인격적인 관계를 성장시키는 일에 매진함으로써 얻어진다.

그러나 이 조사 결과는 교회가 예수 그리스도를 온전히 따르는 제자들의 숫자를 늘리고자 자신이 할 수 있는 모든 일을 해야 한다는 것을 분명하게 보여 준다. 왜냐하면 다음 내용에서 보겠지만, 그들에게는 하나님 나라를 위해 일할 수 있는 잠재력이 엄청나기 때문이다.

5. 교회에서 가장 활동적으로 복음을 전하고, 자원봉사를 하고, 헌금하는 사람은 신앙 성장 과정에서 가장 높은 단계에 속한 집단에서 나온다

이런 결과는 일관되면서도 확고부동하다. 신앙적으로 성장한 사람일수록 더 많이 봉사하고 십일조를 드리고 복음을 전한다. 조사 결과에 따르면 이에 대해서는 의문의 여지가 없다. 우리는 그리스도를 닮아 가는 집단과 그리스도를 중심에 모신 두 집단 가운데서 가장 높은 수준의 전도 활동과 자원봉사, 재정적 헌신이 이루어지고 있음을 보았다. 이는 우리가 발견한 사실 가운데 가장 의미 있는 것이었다 (표 3-7 참조).

이는 우리에게 놀라움으로 다가왔다. 윌로크릭은 오랫동안 복음 전파의 열정은 개인의 신앙 과정 중 초기에 가장 높은 수준을 보인다는 전제를 두고 운영되었다. 이런 전제는 새신자일수록 자신의 믿음에 더 많은 열정을 가졌으며, 자신의 삶을 그리스도께 드리지 않은 사람들과 오랫동안 교제해 왔다는 생각에 바탕을 둔 것이다. 그리고 봉사활동은 믿음의 길로 들어서게 해주는 열쇠라고 여겨졌다. 이런 결과들은 우리의 뿌리 깊은 신념을 근본적으로 재검토하도록 만들었다.

이런 결과들은 우리의 뿌리 깊은 신념을 근본적으로 재검토하도록 만들었다.

the more one grows, the more one serves, tithes and evangelizes
더 큰 성장은 더 큰 섬김과 십일조와 전도를 하게 한다

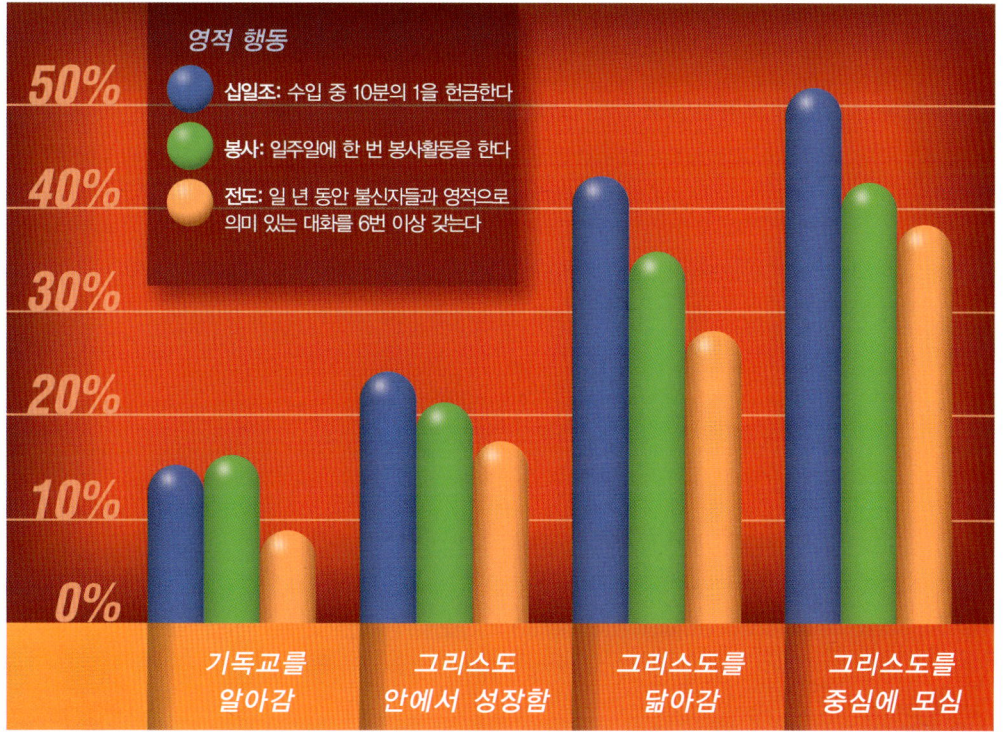

표 3-7 사람들은 영적으로 성장하면서 자신의 행동을 통해 믿음이 성장하고 있음을 드러낸다. 영적으로 성숙한 사람일수록 자신의 신앙을 다른 사람들에게 표현하고 시간과 자원을 교회에 바친다.

여섯 번째이자 마지막 발견은 말 그대로 우리의 숨을 멎게 할 정도로 충격적인 것이었다. 이 발견은 모두가 공감할 수 있는 어떤 것, 많은 사람이 개인적으로 경험한 적이 있는 어떤 것에 대한 큰 깨달음을 안겨 주었다.

우리는 그리스도를 중심에 모시는 수준에 이르는 것이 쉽지 않다는 사실을 잘 알고 있다. 여기서 다시 한 번 결혼생활에 관한 비유를 생각해 보자. 행복한 결혼에 이르지 못하는 부부가 너무 많다. 그들은 결혼생활을 유지하려고 많은 노력을 기울임에도 여러 가지 이유로 실패하고 만다. 불행하게도 영적 성장에 이르는 길 역시 여러 가지 위험과 함정이 도사리고 있다. 인생은 때때로 어찌할 수 없는 상황에서 나락으로 빠져들기도 하고, 그리스도와의 관계가 마치 돌밭을 걷는 것과 같을 때도 있다. 우리는 이런 일이 교인들의 삶 가운데 일어나고 있음을 알았지만, 그것이 교회에 미치는 영향에는 대처하지 못했다.

6. 조사 대상자의 25퍼센트 이상이 자신이 영적으로 '정체되어' 있거나 자신의 영적 성장에 대한 교회의 역할이 '불만족스럽다'고 답했다

우리는 영적으로 갈등을 빚는 두 부류의 사람을 만났다. 하나는 정체되어 있는 사람들이고, 다른 하나는 불만을 가진 사람들이다. 표 3-8은 그들이 신앙 성장 곡선에서 어느 지점에 있는지를 보여 준다.

정체되고 불만을 가진 집단은 조사 대상의 25퍼센트를 넘었다

기독교를 알아감 — 그리스도 안에서 성장함 — 그리스도를 닮아감 — 그리스도를 중심에 모심

정체
"나는 그리스도를 믿지만, 최근에는 별로 성장하지 못하고 있다."

불만
"믿음은 내 삶의 중심을 차지하고 있으며, 나는 그 믿음 안에서 성장하려고 노력한다. 하지만 교회는 나를 실망시키고 있다."

표 3-8 우리는 영적 갈등을 표현하고 있는 두 집단을 발견했다. 정체된 집단은 영적 성장의 동력을 잃어버린 채 씨름하고 있었으며, 불만족 집단은 온전한 헌신의 여러 가지 증거를 보여 주지만 교회에 대해 불만을 가졌다.

정체 집단

첫 번째 집단의 사람들은 "나는 그리스도를 믿지만 정체되어 있는 상태이고, 최근에는 별로 성장하지 못하고 있다"라고 말했다. 정체된 집단은 신앙 성장 과정의 초기에서 중간 단계로 넘어가는 과정에서 나타난다. 이들은 영적 성장 과정에서 멈춰 있거나 무언가에 의해 막혀 있는 것처럼 보인다. 그들의 개인 신앙 훈련이 상당 부분 본궤도를 벗어나 있다는 게 그에 대한 한 가지 설명이 될 수 있을 것이다(표 3-9 참조).

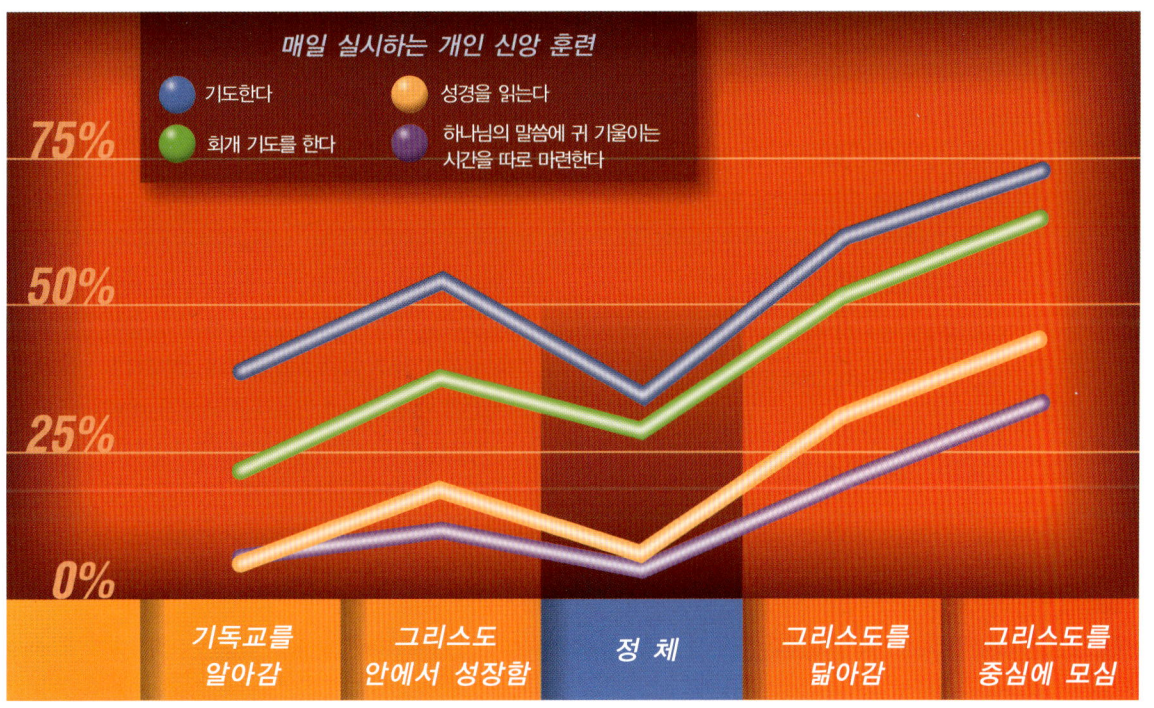

퍼센트를 가리키는 숫자는 각각의 분류 집단에서 그 항목에 해당한다고 응답한 사람의 비율을 나타낸 것이다. 예를 들어 그리스도를 중심에 모신 집단의 거의 75퍼센트는 매일 기도를 드린다고 응답했다.

표 3-9 정체 집단은 강력한 신앙을 표현하지만 다른 집단(그리스도 안에서 성장함, 그리스도를 닮아감, 그리스도를 중심에 모심)에 비해 기도, 성경공부, 개인 묵상 등 일일 단위의 신앙 훈련을 훨씬 적게 하는 것으로 나타났다.

캘리 파킨슨 | # 정체 집단

이 집단을 이해하는 것은 2가지 면에서 **매우 중요한 의미**를 갖는다. 첫째, 이들은 조사 대상자 가운데 16퍼센트, 혹은 응답자 여섯 명 가운데 한 명을 의미한다. 둘째, 다음 개요에 나타난 자료에 따르면 이 집단은 교회가 충분히 해결해 줄 수 있는 문제점을 갖고 있다. 그래서 그들을 다시 영적 성장의 길로 돌아오게 하는 좋은 기회가 주어진 셈이다. 우리는 자신이 영적으로 정체되었다고 응답한 사람들에 관해 다음과 같은 몇 가지 사실을 발견했다.

성장 정체

- 영적 성장 과정의 초기에서 중기로 이어지는 중간 단계에서 나타난다.
- 하나님을 믿고 예수님이 구원에 이르는 유일한 길임을 믿지만, 개인 신앙 훈련을 통해 그 믿음을 증거하지 않는다. 예를 들어 겨우 7퍼센트만 "성경을 읽는 시간을 따로 마련한다"라고 대답했는데, 이는 전체 응답자가 보인 비율인 26퍼센트에 비해 낮은 수치다.
- 40퍼센트는 자신의 영적 성장에 관한 교회의 역할에 만족했으며, 28퍼센트는 불만을 표시했다.
- 25퍼센트, 즉 네 명 가운데 한 명은 교회를 떠날 생각을 가졌다.

장애물

- 다른 집단보다 훨씬 더 높은 수준에서 "영적 성장을 가로막는 중대한 장애물"을 인정하고 있다. 예를 들면 다음과 같다.

중독(소비, 도박, 알코올, 음란물, 과식 등을 통제하지 못하는 것): 27퍼센트(전체 표본 집단보다 50퍼센트가 높음)

부적절한 관계(감정적 혹은 육체적 이성관계, 그 밖에 하나님께로부터 멀어지게 하는 다른 관계들): 16퍼센트(전체 표본 집단보다 60퍼센트 높음)

감정적 표출(우울, 화, 고통의 감정 등): 48퍼센트(전체 표준 집단보다 35퍼센트 높음)

영적인 삶을 우선시하지 않음(TV, 인터넷, 이메일, 영화, 쇼핑 등 다른 일에 더 많은 시간을 소비함): 89퍼센트(전체 표본 집단보다 19퍼센트 높음)

우리의 관찰: 정체 집단에서 믿음의 길을 걷기 시작한 사람들 가운데 어려운 생활환경에 부딪히거나, 그리스도를 따르는 일에 합당하지 않은 개인적 약점을 가진 사람이 포함된 것으로 보인다. 이들은 아직 그리스도인으로서 신앙 훈련(매일 기도하고 성경공부를 하는 것 등)에 깊이 뿌리를 내리지 못한 상태여서 마치 방향키를 상실한 것 같은 느낌을 받으며, 결과적으로 자신의 신앙생활에 만족감을 느끼지 못한다. 1퍼센트 미만(전체 표본 집단은 15퍼센트)은 자신의 신앙생활에 극히/대단히 만족하고 있다. 반면 위에서 언급한 것처럼 25퍼센트는 교회를 떠날 생각을 하고 있다.

그러나 이들 정체 집단은 이런 간단한 설명만으로는 충분히 이해할 수 없는 복잡성을 띤다. 이들은 자신이 다니는 교회에 대한 만족도에서 거의 양극단을 보인다. 어떤 사람은 매우 만족스러워하지만 불만을 나타내는 사람도 많으며, 그들 가운데 4분의 1은 교회를 떠날 생각까지 하고 있다. 또한 그들은 자신의 영적 성장에 '중대한 장해'가 되고 있는 높은 수준의 개인적 문제, 즉 중독 등을 보고한다(더 자세한 것은 50쪽의 "정체 집단" 참조). 이 집단은 우리가 앞으로 더 많은 교회를 대상으로 연구 자료를 개발할 때 많은 관심과 주목의 대상이 될 것이다.

불만족 집단

두 번째 그룹은 불만족 집단이다. 이 그룹 역시 앞으로의 연구조사에서 더 많은 관심을 기울여야 할 것이다. 이 집단에 속한 사람들을 이해하는 것은 매우 중요한 일이다.

정체 집단의 사람들이 믿음의 초기와 중기 단계에 나타나는 반면에 불만족 집단(자신이 다니는 교회에 큰 불만을 가진 사람들)은 비교적 '그리스도를 중심에 모심' 집단에서 나오는 경향을 보인다. 이들은 적극적으로 복음을 전하고, 자원봉사를 하고, 교회에 헌금을 한다(표 3-10 참조).

불만족 집단은 여러 가지 면에서, 다시 말해 영적인 행동뿐 아니라 기도나 성경공부 등 매일 하는 개인 신앙 훈련에 대한 헌신 면에서 '그리스도를 닮아 감' 집단과 유사하다. 이것은 불만족 집단을 정체 집단과 구별해 주는 중요한 요소다.

> 이들은 적극적으로 복음을 전하고, 자원봉사를 하고, 교회에 헌금을 한다.

they are considering leaving the church 그들은 교회를 떠나려고 생각한다

따라서 불만족 집단에는 교회의 일에 가장 많이 참여하는 사람들과 자신의 믿음을 성장시키고자 노력하는 사람들이 포함된다. 그러나 우리의 조사는 이들이 교회를 떠날 생각을 가장 많이 가진 사람들이라는 사실도 보여 준다.

표 3-10 불만족 집단은 자신들의 행동을 통해 믿음을 드러낸다. 전체적으로 '그리스도를 중심에 모심' 집단만이 이들보다 더 높은 수준의 십일조와 전도를 보여 준다.

> 그리스도에 대한 헌신의 수준이 높을수록 교회에 대한 만족도가 미온적으로 변하는 경우를 보게 된다.

조사연구가 에릭 안슨은 이 수치를 보고 깜짝 놀랐다. 그는 시장에서의 결과를 준거틀로 삼아 이것이 전형적이라고 설명했는데, 어떤 사람이 하나의 제품군에 깊이 빠질수록 자신이 선호하는 브랜드에 대한 충성도가 높아진다는 것이다. 바꿔 말해 내가 청량음료를 즐겨 마시는데 선호하는 제품이 다이어트 코크라면, 다이어트 코크만 마시고 그것을 다른 사람들에게 추천할 가능성이 대단히 높다는 말이다.

이것을 조사에 적용해 보면, 교회에 대한 만족도가 높아지면 곧바로 영적 성장의 증가로 이어져야 한다는 것을 의미한다. 그러나 우리는 반드시 그렇지 않다는 사실을 발견했다. 일반적으로 말해 참여도가 높을수록, 즉 그리스도에 대한 헌신의 수준이 높을수록 교회에 대한 만족도가 미온적으로 변하는 경우를 보게 된다.

불만족스러운 사람들의 숫자는 결코 적지 않다. 평균적으로 그 수치는 우리가 조사한 일곱 교회의 경우, 전체 회중 중 10퍼센트 정도를 차지한다. 따라서 교회에 다니는 사람들 가운데 열 명 중 한 명은 불만을 가졌으며, 종종 그 불만의 정도가 매우 높은 것으로 나타났다(표 3-11 참조).

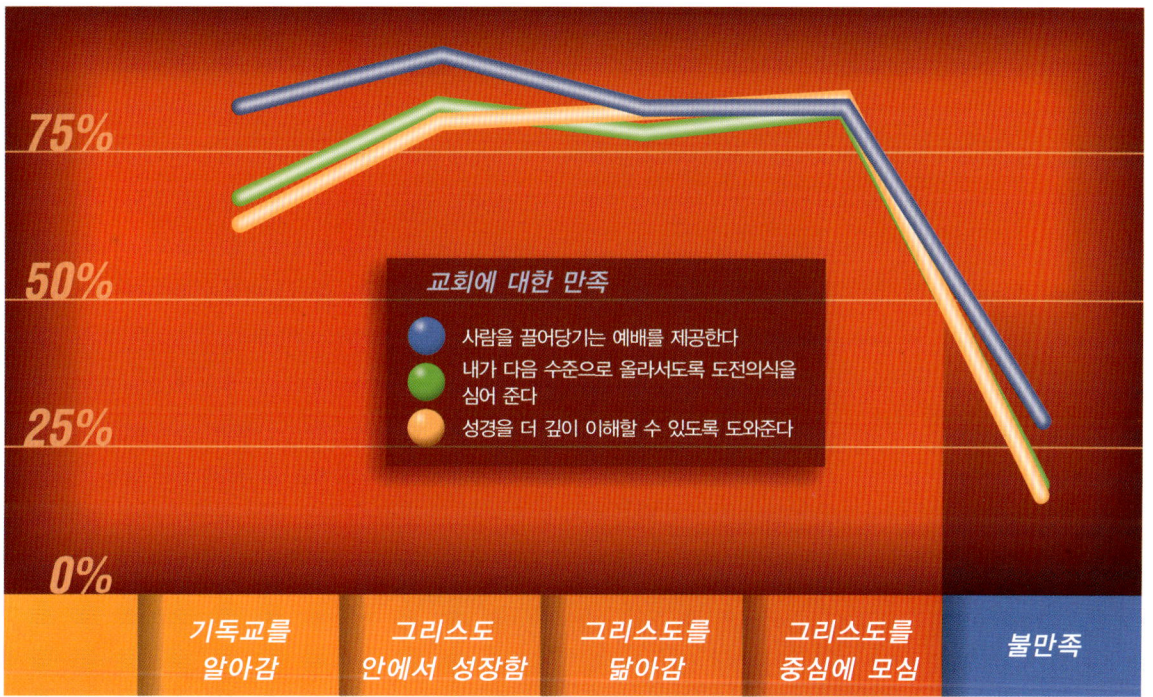

퍼센트를 가리키는 숫자는 각각의 분류 집단에서 그 항목에 해당한다고 응답한 사람의 비율을 나타낸다. 예를 들어 불만족 집단에 속한 사람들 중 26퍼센트는 자신이 다니는 교회가 "사람을 끌어당기는 예배를 제공한다"에 "매우 그렇다"고 답했다.

표 3-11 우리는 이 표에서 언급한 3가지 외에 교회가 제공하는 32가지 유익을 평가했다. 전반적으로 보면 불만족 집단은 다른 집단에 비해 "매우 그렇다"에 표시하는 경우가 훨씬 적다(다른 집단과 비교하면 대략 3분의 1 수준).

불만족 집단은 무엇에 대해 불만을 가진 것일까? 이 질문에 대한 답은 그리 쉽지 않다. 최소한 아직은 그렇다. 그러나 교회가 제공할 수 있고, 제공해야 마땅한 것에 대한 이들의 기대치가 다른 집단보다 훨씬 높다는 것은 부인할 수 없는 사실이다(더 많은 내용을 보려면 54쪽의 "불만족 집단" 참조).

캘리 파킨슨 | ## 불만족 집단

불만족 집단을 이해하는 것은 매우 중요한 일이다. 모든 데이터에서 이들은 단순히 그리스도를 믿는 사람이 아니라 진정으로 그리스도를 따르는 사람임을 보여 주기 때문이다. 그럼에도 이들은 교회 떠날 생각을 가장 많이 한다. 놀라운 사실은 교인들 가운데 열 명 중 한 명이 바로 이런 사람일 수 있다는 것이다. 우리는 불만족스럽다고 표현한 사람들한테서 다음과 같은 점을 발견했다.

불만족 집단에는 영적으로 더 많이 성장한 집단에 속한 사람도 포함되어 있다. 그래서 그들은 온전한 헌신에 따르는 모든 증거를 보여 준다.

그들은 정기적으로 주일 예배에 출석한다.

- 96퍼센트가 한 달에 3-4번 예배에 출석한다(전체 표본 집단과 동일한 비율). 이들은 예배를 통해 더 많은 도전과 깊은 깨달음을 받기 갈망한다.
- 20퍼센트는 예배가 "훌륭하다" "뛰어나다"라고 평가한다(전체 표본 집단의 71퍼센트와 대비됨).
- 60퍼센트는 "깊이 있는 성경의 가르침을 더 많이" 받기를 원하며(전체 표본 집단의 30퍼센트와 대비됨), 56퍼센트는 더 많은 도전을 받기 원한다(전체의 19퍼센트와 대비됨).

소그룹에 참여한다(55퍼센트가 한 달에 1번 이상 참여).

교회에서 자원봉사를 한다(61퍼센트는 한 달에 1번 이상).

불쌍한 사람들을 섬긴다(25퍼센트는 최소한 연 4회 이상).

십일조를 드린다(31퍼센트).

이들은 자신의 신앙을 성장시키기 위해 개인적으로 매일 성경공부와 묵상을 하고(전체 표본 집단의 26퍼센트보다 많은 39퍼센트) 매일 기도를 한다(전체 표본 집단은 56퍼센트, 이들은 59퍼센트).

그럼에도 63퍼센트는 교회 전반에 걸쳐 만족도가 너무 낮아 교회를 떠날 생각을 하고 있다. 그 이유가 교회 예배이든 성경공부나 소그룹이든 간에 이들의 만족도는 전체 표본 집단보다 상당히 낮다.

우리의 결론: 이 집단에 실제로 어떤 일이 진행되고 있는지 자세히 파악하기 위해 35개의 설문과 교회가 주는 유익에 대한 만족도 조사를 꼼꼼하게 실시함으로써 흥미 있는 사실을 발견했다. 불만족 집단이 가장 낮게 평가한 설문은 다음 2가지다.

- "교회는 내가 올바른 그리스도인의 삶을 살도록 붙잡아 준다"라는 질문에 대해 7퍼센트만 만족스럽다고 답했다. 이는 전체 표본 집단이 만족스럽다고 응답한 47퍼센트에 비해 7배나 차이가 난다.
- "교회는 내가 영적인 멘토를 찾을 수 있도록 도와준다"라는 질문에 대해 겨우 4퍼센트만 만족스럽다고 답했다. 이는 전체 표본 집단이 응답한 25퍼센트와 비교할 때 6분의 1 수준에 불과하다.

불만족 집단은 '그리스도를 중심에 모심' 집단에 속한 사람들의 삶에서 나타나는 마음가짐이나 행동과 정확히 일치되는 모습을 보인다. 하지만 이들은 여전히 교회가 "자신을 올바로 인도해 줄 것", 즉 자신을 붙들어 주고 도

불만족 집단

전을 제기하기를 원한다. 개인적인 영적 성장 계획 등은 이들의 몇 가지 요구에 부응하기도 하지만, 이들은 개인적인 영적 성장 담당자나 영적인 멘토를 원하는 것으로도 보인다. 이는 실제로 "그들을 올바로 인도하고" 위험에서 벗어나게 해줄 수 있다.

> 그들이 가진 불만의 핵심에 두 집단 모두 자신의 영적 성장에서 대부분의 책임이 자신에게 있음을 깨닫지 못한다는 사실이 자리 잡고 있다.

따라서 불만족 집단은 정체 집단보다는 개인 신앙 훈련에 더욱 적극적으로 참여하는 경향이 있다. 그러나 조사 결과는 불만족 집단과 정체 집단 모두 교회가 전적으로 자신들의 영적 성장을 인도해 줄 거라고 기대하고 있음을 보여 준다.

두 집단은 더 깊이 있는 가르침과 더 많은 교제의 기회, 그리고 더 많은 섬길 수 있는 여건을 비롯해 교회에 다니는 가운데 무언가가 부족하다는 불평의 목소리를 내고 있다. 그러나 그들이 가진 불만의 핵심에 두 집단 모두 자신의 영적 성장에서 대부분의 책임이 자신에게 있음을 깨닫지 못한다는 사실이 자리 잡고 있다. 이것은 중요한 '깨달음'이다.

그리고 그 깨달음은 이런 질문을 낳는다. 이 사실을 누가 그들에게 지적해 줄 것인가? 누가 그들에게 자신의 영적 성장에서 더 많은 책임을 지도록 도와줄 것인가? 그 대답은 명백하다.

교회의 역할과 기회

우리의 조사에 따르면 교회는 성도들의 신앙 성장 초기, 즉 사람들이 기독교를 알아 가기 시작하고 믿음이 자라는 초창기에 있을 때 가장 큰 영향력을 미친다. 이는 부모가 자녀들이 아직 어릴 때 그들에게 가장 큰 영향력을 미치는 것과 같다. 자녀들은 성년이 되면 날개를 펼치게 되고 자신의 삶을 찾아 가정이라는 보금자리를 떠나게 된다.

그러나 자녀들이 성장해서 자신의 힘으로 서게 되더라도 부모의 영향력

the church may need to shift its relationship

교회는 관계의 변화가 필요할 수 있다

은 여전히 남아 있는 법이다. 내 아이들은 이제 20세와 25세가 되었으니 누가 보더라도 성인이다. 그런데도 최근 몇 주 동안 나는 아이들 가운데 하나가 연애에 실패해서 정서적으로 흔들리는 것을 도와주었고, 다른 아이의 결혼 계획 세우는 것을 도와주었다. 이처럼 나는 여전히 그들의 삶에 중요한 영향력을 미치고 있다. 그러나 그 방식은 그들의 기저귀를 갈아 주거나 학교 숙제를 도와주던 때와는 완전히 다르다.

사람들이 영적으로 성숙해지면서 교회의 영향력이 줄어든다는 것은 그동안 교회가 기저귀를 갈아 주고 학교 숙제를 도와주는 차원의 영적 보살핌을 지나치게 강조해 오지 않았는지 고민하도록 해준다. 부모처럼 교회는 이제 성숙한 제자들과의 관계를 새롭게 정립하여 그들에게 필요한 것을 뒷받침해 주고, 알맞은 수준의 영향력을 유지할 수 있도록 하는 것이 필요하다.

사람들이 그리스도와 맺은 인격적인 관계(이 관계는 아마 견고한 신학적 기초와 교회의 가르침을 통한 권면으로부터 많은 유익을 얻었을 것임) 안에서 성장함에 따라 교회의 여러 기관은 그들이 가진 믿음의 성장 중심에서 점점 더 멀어지게 된다. 이는 자연스러운 것으로, 마치 부모가 홀로 설 수 있게 된 자녀를 축하해 주는 것과 같다.

그러나 교회는 이런 질문에 대해 진솔한 답변을 찾아야 한다. 우리는 더 훌륭한 부모가 될 수 있는가? 우리의 조사는 그 답이 "그렇다"라고 암시한다. 우리의 분석에 따르면 교회가 지나치게 초기 성장 단계에만 몰두하는 바람에 영적으로 성장한 사람들이 혼자서 길을 찾도록 방치하고, 그들이 그 과정을 잘 밟을 수 있도록 준비시키지 못했다는 사실을 보여 준다.

만약 교회가 그리스도 제자들의 신앙 성장 과정 전반을 올바로 양육하거나 코칭할 수 있는 이상적인 방법을 찾아낸다면 하나님 나라에 어떤 유익을 미칠지 상상해 보라. 정체되고 불만을 가진 모든 사람이 제자리로 돌아오고, 더 높은 영적 성숙과 열매를 맺는 단계로 나아간다면 어떤 영향을 미칠지 상상해 보라. 교회가 그리스도 안에서 성장하고 그리스도를 닮아 가는 사람들에게 진정으로 그리스도를 중심에 모신 삶을 살도록 이끌어 줄 방법을 찾는다면 어떤 일이 일어날지 상상해 보라.

만약 교회가 이 조사에서 나타난, 그리고 다음 표에서 설명하는 기회들 가운데 극히 작은 부분이라도 활용할 수 있도록 그 역할을 재조정한다면

> 만약 교회가 그리스도 제자들의 신앙 성장 과정 전반을 올바로 양육하거나 코칭할 수 있는 이상적인 방법을 찾아낸다면 하나님 나라에 어떤 유익을 미칠지 상상해 보라.

the stakes are 상금이 놀랄 만큼 크다
incredibly high

> 하나님 나라에 엄청난 유익을 가져다줄 것이다. 그래서 이 일은 대단히 중요한데, 성공을 향한 전략은 놀라울 정도로 단순할 수 있다. 바로 우리가 맡은 사람들에게 더 좋은 영적 '부모'가 되어 주는 것이다.

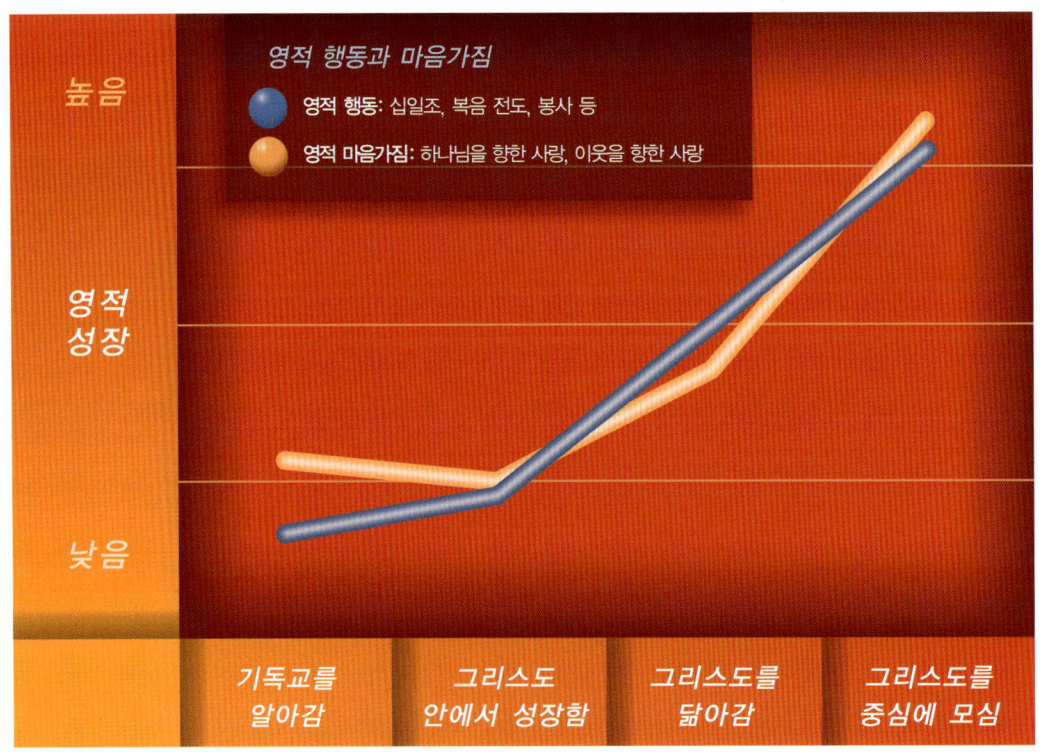

교회에 주어진 가장 큰 기회는 헌신된 그리스도의 제자들에 대한 영향력을 증대시키는 것이다

표 3-12 이 자료는 교회가 그리스도께 가장 많이 헌신하는 사람들을 최소한 만큼만 후원하고 있음을 보여 준다. 이들은 필요한 것을 가장 많이 갖추고 있고 그리스도를 적극적으로 지지하기 때문에 더 많은 코치와 격려를 제공한다면 하나님 나라를 위해 더 많은 열매를 맺을 것이다.

우리가 처음 시작한 곳과 새롭게 발견한 것의 비교 요약

자료와 조사 분야에서 한 걸음 뒤로 물러나 처음 조사를 시작할 때 세웠던 가설을 다시 한 번 살펴보는 것은 바람직한 일이다. 그렇게 하지 않으면 토끼가 이리저리 지나간 길을 분석하는, 한편으로 재미있을 수는 있지만 당신의 가장 큰 문제와 관심사에 아무런 의미도 없는 결과를 내는 것으로 마무리될 수 있기 때문이다.

우리는 3년 전 작업을 시작했기 때문에 처음 내세웠던 3가지 가설에 주목하려고 노력해 왔다. 다음은 지금까지 발견한 내용을 처음 설정한 가설과 비교한 것이다.

처음 조사를 시작할 때 세웠던 가설을 다시 한 번 살펴보는 것은 바람직한 일이다.

표 3-13
우리가 세운 가설과 발견한 내용의 비교

우리의 가설	우리가 발견한 것
영적 성장으로 나아가는 길은 교회 활동을 바탕으로 한다	영적 성장으로 나아가는 길은 존재하지만, 그것은 개인이 교회와 어느 정도로 관계를 맺느냐에 따라 결정되지 않는다. 오직 예수 그리스도와의 인격적인 관계에 따라서만 결정된다.
가장 효과적인 복음 전도의 도구는 영적 대화다	영적 대화는 복음 전파에 중요한 것이지만, 가장 효과적인 접근 전략은 예외 없이 그리스도를 중심에 모신 사람들에게 동기를 부여하는 것이다. 그들은 교회 안에서 전도나 봉사, 헌금 등에 가장 헌신적이다.
영적 인간관계는 영적 성장의 핵심 동력원이다	사람들과의 만남과 올바른 영적 인간관계에서의 부족함을 채워 주는 것은 영적 성장에 필수적이다. 그러나 이런 여건을 조성하고자 구성된 다양한 노력은 영적 성장의 초기 단계에서만 효과를 거두는 것으로 나타났다.

> 우리에게 교회의 역할과 잠재력을 새롭고 참신한 시각에서 바라볼 수 있도록 하셨다는 것이다.

우리는 처음 세운 가설을 되짚어보고 나서 무언가를 발견할 수 있는 시각이 극히 제한되어 있었다는 사실을 인정해야 했다. 우리는 몇 가지 '눈가리개'를 하고 있었다. 즉 교회 활동이 영적 성장의 핵심 동력원이라고 믿었으며, 교회가 그리스도를 중심에 모신 사람들의 영적 여정 가운데 중요한 역할을 할 것이라고 가정했다. 많은 사람은 자신의 영적 삶이 정체되어 있다는 사실을 발견하는 데 미리 준비되어 있지 못했다. 특히 우리의 가장 훌륭한 제자들 가운데 몇 명이 교회에 가장 큰 불만을 가진 집단에 속해 있다는 사실을 발견하는 것에 전혀 준비되어 있지 못했다. 또한 개인 신앙 훈련이 매우 중요한 역할을 맡고 있으며, 주요 촉매제로 등장하고 있다는 사실에 놀랐다.

처음 세운 가설과 이런 결과 사이에 존재하는 커다란 간격, 특히 정체 집단과 불만족 집단에 관계된 예상치 못했던 발견(개인 신앙 훈련의 역할, 영적 성장 과정의 가장 높은 단계에서 일어나는 교회 영향력의 쇠퇴) 등을 통해 우리는 한 가지 결론에 도달하게 되었다. 그것은 하나님은 이 작업을 통해 다소 걱정되는 진실을 보여 주심으로써 우리에게 교회의 역할과 잠재력을 새롭고 참신한 시각에서 바라볼 수 있도록 하셨다는 것이다.

그리고 하나님께서는 우리가 배우길 바라시는 것이 훨씬 더 많다는 사실도 깨닫게 되었다.

We are launching another survey to 25 more churches across the United States

우리는 미국 전역을 걸쳐 25개가 넘는 교회에서 새로운 조사를 실시했다

모든 발견 중 최고의 발견

자료가 지적해 준 발견들 가운데 가장 놀라운 것은 바로 이 모든 것이 단지 시작에 불과하다는 사실이다. 우리는 계속 더 많은 교회에서 자료 수집을 해야 할 것이다. 그리고 앞으로 발견할 것이 오늘날 교회가 직면한 가장 커다란 몇 가지 문제에 더 많은 빛을 비춰 주게 되기를 소망한다. 우리가 지금까지 발견한 게 빙산의 일각에 지나지 않는다고 믿는다.

이것은 단지 시작에 불과하다

얼마 전부터 우리가 발견한 것에 다른 교회에서 나온 자료를 추가하기 시작했다. 우리는 이 원고를 출판사로 보내는 것과 동시에 미국 전역에 있는 25개의 교회를 대상으로 새로운 조사에 착수했다. 이를 통해 우리가 가진 데이터베이스의 폭과 깊이가 한층 향상될 것이다. 그래서 광범위한 교회 모델에서 이루어지는 다양한 소그룹 전략이나 예배 형식, 또 다른 수많은 교회 활동 등이 어떤 효과를 가져올지 평가할 수 있는 능력도 향상될 것이다. 우리는 기도, 일기쓰기, 개인 묵상, 그 밖에 다른 개인 신앙 훈련에 대한 다양한 접근법을 비롯해 인터넷을 기반으로 한 예배 실황 등 다양한 서비스가 사람들의 영적인 삶에 어떤 영향력을 미치는지 깊이 있고 상세하게 이해할 수 있기를 소망한다.

> 거룩한 발견의 모험에 당신 또한 동참하도록 초대한다.

우리의 비전은 최종적으로 수백 개 이상의 교회(미국 이외의 교회도 포함해)가 이 조사 연구에 참여하는 것이다. 그리고 이를 통해 풍성한 발견과 깨달음을 얻고, 하나님 나라를 확장하는 데 헌신하는 모든 사람이 유용하게 사용하기를 희망한다. 이것이 우리의 계획이고 꿈이며, 또한 하나님의 꿈이라고 생각한다.

하나님이 사람들의 마음에 심어 주신 것 외에는 아무런 길 안내도 없는 거룩한 발견의 모험에 당신 또한 우리와 함께 동참하도록 초대한다.

그렉 L. 호킨스(GREG L. HAWKINS)

RE

❹ 그러면 당신은 이제 무엇을 하겠는가?

지금 바로 실천할 수 있는 3가지 단계

decisions 결심

모든 자료와 조사 결과를 살펴보고 나서 "그러면 이제는 무엇을 할까?"라는 질문이 나오는 게 당연하다. 또한 골치 아픈 질문과 씨름하고, 그 답을 실천에 옮겨야 하는 과정이 반드시 필요하다. 여기서 제기하는 3가지 아이디어는 "우리는 지금 어디에 있는가?"라는 질문을 제기할 준비가 된 교회와 리더들에게 큰 도움을 줄 것이다.

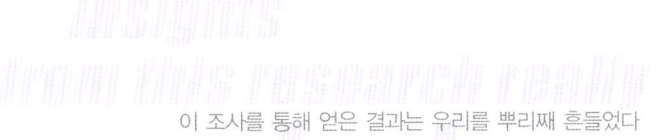

이 조사를 통해 얻은 결과는 우리를 뿌리째 흔들었다

❹
그러면 당신은
이제 무엇을 하겠는가?

전설적인 대학 농구팀 감독인 존 우든(John Wooden)은 UCLA에 위치한 그의 사무실에 다음 내용을 적은 게시판을 걸어 놓았다. "배우기를 멈추는 그 순간이 당신의 삶이 끝나는 순간이다."

조사를 진행하면서 가장 즐거웠던 일들 가운데 하나는 정말 많은 것을 배웠다는 사실이다. 나는 사람들이 하나님과 이웃을 향한 사랑을 키우기 위해 애쓰는 모습을 지켜보며 그들의 마음에 어떤 일이 일어나고 있는지를 어렴풋이 살펴볼 수 있다는 사실을 배웠다. 또한 어떤 사역 분야에서 사람들이 그리스도를 중심에 모시는 삶을 향하여 신앙 여정을 가도록 도와주는지, 어떤 사역 분야에서 그렇게 하지 못하는지 분석하는 것이 가능하다는 사실을 배웠다. 그리고 이런 틀이 윌로크릭만의 독특한 것이 아니라, 미국 전역에 있는 여섯 개의 다른 교회 회중에게도 공통적으로 나타난다는 것을 배웠다.

그러나 우리가 이 과제에 착수한 것은 단순히 이것만을 배우기 위한 것이 아니었다. 윌로크릭에 필요한 전략적 계획을 세워 장차 이루어질 여러 결정을 올바로 인도할 수 있도록 우리가 배운 것을 활용할 수 있길 바랐다. 그러면 그 과정에서 어떤 일이 일어났을까?

이미 말했듯이 이 조사에서 얻은 깨달음은 우리를 크게 흔들어 놓았다. 캘리와 에릭 그리고 나, 우리 세 사람이 발견한 것들을 보고하기 위해 빌 하이벨스의 사무실로 들어가기 전에 가졌던 그 긴장감을 아직도 기억한다. 당신 같으면 상사에게(그리고 그 교회를 직접 세우고 키워 온 담임목사에게) 그 교회가 우리가 생각했던 것만큼 그리 성공적이지 못하다는 사실을 어떻게 들려주겠는가? 그러나 빌은 그의 명성에 어울리는 열린 마음으로 작업 결과를 받아들였고, 거기서 얻은 통찰력이 우리의 사고 가운데에 자리 잡도록 추진력을 발휘했다.

"배우기를 멈추는 그 순간이 당신의 삶이 끝나는 순간이다."

새로운 비전과 전략

이 조사로부터 얻은 결과와 그것을 통해 하나님은 우리가 무엇을 하길 원하시는지 분별하는 일을 서로 융합시키는 데 2년 이상의 시간이 걸렸지만, 마침내 새로운 비전과 전략을 갖게 되었다. 2007년 4월, 우리는 성도들에게 전략적 계획을 선보였는데, 그 안에는 이 조사를 통해 촉발된 새로운 몇 가지 주도적인 모습이 담겨 있다.

이 일을 이루기 위해 전진하면서 한 가지 확신을 가졌는데, 그것은 우리의 계획이 성공할지 알 수 없지만 그 과정에서 계속 배워 나가는 일에 전념할 거라는 사실이었다. 어쩌면 잘못된 방향으로 나아갈 수도 있지만, 우리는 가만히 앉아 있기보다는 앞으로 나아가려고 한다. 왜냐하면 하나님은 우리가 지금까지 배운 것들을 실천에 옮기도록 촉구하고 계신다고 믿기 때문이었다.

당신이 취할 단계가 무엇인지 깊이 파고들기 전에 우리의 새로운 전략적 계획의 일부를 들려주는 것이 도움이 될 수 있으리라고 생각한다. 그것은 윌로크릭이 얻은 발견을 어떻게 실천에 옮겼는지에 관한 이해가 중요하기 때문이다. 다른 교회들이 따라하도록 추천하는 것이 중요한 게 아니다. 여기에 실린 3가지 전략적 변화는 조사 결과를 통해 드러난 것들의 직접적인 결과물로 우리가 만들어 낸 것이다.

1. 회중에게 전하는 우리의 메시지가 변해야 한다

지금까지 윌로크릭에서는 어떤 사람이 신앙 성장 과정에서 어느 위치에 있든 전하는 메시지가 항상 동일했다. "우리는 당신이 필요로 하는 것을 알고 있습니다. 그리고 그 필요를 채워 줄 수 있습니다." 우리는 이제 이런 접근법이 교인에게 항상 도움이 되지 않는다는 사실을 잘 알고 있다. 많은 경우 우리는 윌로크릭을 마음의 고향(home)이라고 부르는 사람들 사이에 적절하지 못한 수준의 기대감과 건강하지 못한 의존심을 조성해 왔다.

가장 먼저 회중에게 그들의 영적 성장에 필요한 전부를 채워 주는 것이 우리의 일이라는 생각이 잘못되었음을 고백했다. 빌은 2007년 4월 이 새로운 전략 계획을 회중에게 펼쳐 보이면서 이렇게 말했다.

하나님은 우리가 지금까지 배운 것들을 실천에 옮기도록 촉구하고 계신다고 믿기 때문이었다.

"우리는 지금까지 잘못 생각해 왔습니다. 여러분이 자신의 영적 성장을 추구하는 동안 제공했던 코칭 방식을 재검토해야 할 필요성이 있다고 생각합니다."

이 말은 그들이 설문조사를 통해 한 말을 우리가 올바로 들었다는 강력한 신호를 보낸 것이다. 우리는 어떤 회중이 성장하는 것을 돕지 못했음을 분명히 깨달았고 앞으로 조금씩 변화해 나갈 것임을 밝힌 것이다.

우리는 사람들을 움직이길 원한다

우리는 사람들이 교회에 의존하던 것에서 벗어나 독립적인 동반자 관계로 성장해 나가기를 원한다. 사람들이 신앙생활 초기부터 교회를 넘어서는 데까지 성장할 수 있도록 멀리 바라보아야 할 필요성이 있다는 것을 알려 주어야 한다. 교회가 제공하는 것들을 일주일에 한두 차례 받아먹는 일로는 *(그것이 아무리 중요하다 하더라도)* 영적으로 성장하는 것뿐 아니라 살아남기에도 결코 충분하지 않다. 회중은 자신과 그리스도와의 관계를 더욱 깊게 해주는 개인 신앙 훈련을 통해 스스로 먹을 것을 공급하는 법을 배워야 할 필요성이 있다.

> 우리는 교회의 역할이 영적 부모에서 영적 코치로 전환되기를 원한다.

2. 우리는 다음 단계의 코치가 필요하다

교회가 의존 모델을 적용하고 있을 때는 그 사역이 다소 직선적이 된다. 모든 사람이 필요로 하는 것이 무엇인지 알아내고, 하나의 프로그램이나 행사를 통해 그것을 제공하는 것이 최우선 목표가 된다. 그러면 상호의존적인 모델은 어떤 모습을 보여 줄까? 그런 모델에서 교회의 역할은 어떤 것일까?

우리는 교회의 역할이 영적 부모에서 영적 코치로 전환되기를 원한다. 건강한 몸을 만들기 위해 스포츠센터에 가면 트레이너는 우선 당신의 장점과 단점을 평가해 준다. 트레이너는 그 평가를 기초로 당신에게 맞는 훈련 계획을 작성한다. 만약 당신의 몸이 부실하거나 혹은 '육체적 건강 여

강력한 신호

정'에서 초보 단계라면, 반드시 해야 하는 몇 가지 운동이 있을 것이다. 그 다음 당신이 좀 더 튼튼해지고 힘이 세진다면 다른 운동을 시작하게 된다. 체력 단련을 위한 계획에서 "모든 사람에게 맞는 한 가지 처방"이란 존재하지 않는다.

마찬가지로 모든 사람에게 꼭 맞는 단 한 가지의 영적 성장 계획도 존재하지 않는다. 이런 이유로 우리의 새로운 첫 번째 시도는 모든 사람이 현재 자신과 그리스도와의 관계('영적 건강')가 어떤 상태인지 가늠할 수 있도록 하는 도구를 만드는 것이다. 이어서 그들이 다음에 나아가야 할 방향을 제공하는, 개인에게 특화된 성장 계획 혹은 '훈련 계획'을 추천한다. 우리는 모든 사람이 "나의 다음 단계는 무엇인가?"라는 질문에 대답할 수 있도록 돕는 것이 반드시 필요하다고 믿는다. 이 도구는 현재 개발 중에 있으며, 가까운 시일 내로 회중에게 선보이기를 희망한다.

3. 우리는 주일 예배의 영향력을 증진시킬 필요가 있다

주일 예배는 영적 성장의 초기 단계에 있는 사람들의 영적 성장에서 중요한 영향력을 미치지만, 그보다 더 높은 수준의 사람들에게는 그 영향력이 줄어든다. 우리가 시도한 것들 가운데 하나는 이렇게 영적 성장에서 상당한 수준에 이른 사람들의 필요를 채워 주도록 주일 예배의 영향력을 증진시키는 것이다. 아직도 수많은 아이디어를 짜 모으고 있지만, 그 가운데 최근 시도해 본 한 가지를 소개하려고 한다.

> 우리는 모든 사람이 "나의 다음 단계는 무엇인가?"라는 질문에 대답할 수 있도록 돕는 것이 반드시 필요하다고 믿는다.

야고보서를 5주 연속으로 다루면서 우리는 영적 성장의 어느 단계에 속한 사람들이든 그다음 단계로 성장하도록 도와주기 위해 고안된 자유 일기장을 나눠 주었다. 그 안에는 기록할 수 있는 빈 칸('기독교를 알아감' 집단을 위해)을 비롯해 개인이 한 주간 동안 그 주의 성경 본문을 더 깊이 묵상하는 데 활용할 수 있는 질문('그리스도 안에서 성장함' 집단을 위해)을 넣었다. 또한 소그룹 안에서나('그리스도 안에서 성장함' 집단을 위해) 영적 친구들과 함께('그리스도를 닮아감' 집단을 위해) 자신이 배우고 있는 것을 점검하는 데 사용할 수 있는 깊이 있는 질문도 포함시켰다. 심지어 더 깊이 파고들기 원하는 사람들을 위해('그리스도를 중심에 모심' 집단을 위해) 성경 주석에서 뽑은 내용도 추가하였다.

회중의 반응은 놀라울 정도로 긍정적이었다. 그리고 이 일기장을 사용한 사람들과 면접을 가진 결과, 이 일기장이 영적 성장 단계의 모든 집단에 속한 사람들에게 도움이 되었다는 사실을 발견했다. 앞으로 우리는 기존에 해 오던 것들, 즉 주일 예배 등을 새롭게 보강하는 일을 계속해 나갈 계획이다.

당신이 활용할 수 있는 실용적인 다음 단계들

우리는 발견한 사실을 3년 동안 분석하고 나서 몇 가지 주요한 사역에서 변화를 이끌어 내기 시작했다.

왜 오랫동안 지체되었는가

솔직히 말해 이 모든 것을 마음속 깊이 새기는 데 상당한 시간이 필요했다. 우리는 나름대로 부인의 단계, 곧 분노와 슬픔, 우울, 연구를 거친 후에야 겨우 변화가 필요하다는 냉혹한 진실을 받아들이게 되었다.

> 혹시 지금 당장 시작할 수 있는 일이 있는지 알고 싶다면 "그렇다"라고 긍정적인 대답을 할 수 있다.

우리가 그랬던 것처럼 아마 당신도 이 모든 사실을 제대로 이해하기까지 시간이 필요할 것이다. 그러나 혹시 지금 당장 시작할 수 있는 일이 있는지 알고 싶다면 "그렇다"라고 긍정적인 대답을 할 수 있다. 한 가지 좋은 소식이 있다면 당신이 내딛게 될 첫 단계는 심층조사가 아니라는 것이다. 우리는 이 조사 결과가 당신이 시작하는 데 용기를 줄 수 있길 바란다.

여기 당신이 섬기는 교회가 출발점으로 삼을 수 있는 3가지 단계가 있다. 무엇보다 좋은 점은 이들 가운데 무엇이든 오늘 당장 시작할 수 있다는 것이다.

1. "몇 명인가?" 그 이상의 질문을 제기하라.
2. "안녕하세요?"의 다음 말을 이어가라.
3. "이것이 누구의 성장에 어떤 도움이 되는가?"라고 물어라.

1. "몇 명인가?" 그 이상의 질문을 제기하라

교회에서는 아주 오랫동안 사역의 '성공' 여부를 가늠하는 기준으로 "몇 명인가?"라는 질문을 해 왔다. "그리스도를 믿기로 작정한 사람이 몇 명인가? 세례를 받은 사람이 몇 명인가? 교인 수가 몇 명인가? 소그룹 참석자가 몇 명인가?" 등등 말이다.

물론 그것이 나쁜 질문이라는 뜻은 아니다. "몇 명인가?"는 무엇이 사람들을 우리 교회로 이끄는지, 어떤 사역이 그들의 관심을 끄는지 알 수 있도록 도와준다. "몇 명인가?"는 좋은 질문인데, 특히 그 뒤로 보충 질문이 이어질 때는 더욱 그렇다.

Try any of them beginning today

오늘부터 이주 아무것이나 한 번 해보라

당신이 교회를 위해 내디딜 수 있는 첫 번째 위대한 단계는 "몇 명인가?"라는 질문이 사역에 들인 노력이 어느 정도 효과를 미쳤는지 측정하려고 할 때 물어볼 수 있는 유일한 질문이 아니라는 점을 확실히 인식하는 것이다. 예배나 행사가 끝난 뒤에 행해지는 대부분의 토론에서 "몇 명인가?"라는 질문은 필연적으로 따라나온다. 그러나 앞으로 "몇 명인가?"라는 질문을 들으면 "이 행사는 사람들이 성장하는 데 어떤 도움을 주었는가?" 등으로 보강하는 질문을 하라. 그리고 더 깊이 들어가기 원한다면 "이 행사는 어느 집단의 사람들을 돕기 위한 것이며, 또 이 행사가 실질적으로 그들에게 도움이 되었다고 생각하는가?"라고 물어보라.

선임 리더들은 주도권을 잡고 이런 보강 질문을 제기할 필요가 있다. 만약 당신이 그렇게 하지 않는다면 누가 그 일을 하겠는가? 계속해서 보강 질문을 던지는 것은 당신의 교회에 새로운 형태의 대화가 시작되도록 만들어 준다. 더 이상 "몇 명인가?" 하는 질문은 예배나 행사, 혹은 활동의 성공 여부를 가늠하는 유일한 요인이 아니다.

대화를 바꾸는 것은 리더가 손에 쥐고 있는 강력한 도구다. 언어에는 변화를 가져오는 무언가가 있다. 성경을 보면 "지혜로운 자의 마음은 그의 입을 슬기롭게 하고 또 그의 입술에 지식을 더하느니라"(잠 16:23)라는 말씀이 있다. "몇 명인가?" 다음에 이어지는 질문을 던짐으로써 대화의 내용을 바꾸는 것은 교회의 효율성을 바라보는 당신의 시각을 재정립하는 첫걸음이 되어 줄 것이다. 또한 당신이 섬기는 교회의 교역자들과 구성원의 시각도 바뀌게 될 것이다.

대화를 바꾸는 것은 리더가 손에 쥐고 있는 강력한 도구다.

2. "안녕하세요?"의 다음 말을 이어가라

사역자가 되고 나서의 장점 가운데 하나는 거의 매일 회중 가운데 속한 사람들과 대화를 나눌 수 있다는 점이다. 당신이 내딛게 될 두 번째 단계는 바로 그것을 계속해서 진행하는 것이다. 그리고 거기에 몇 가지 새로운 질문을 추가하는 것이다.

"안녕하세요?"라는 질문은 누구나 할 수 있다. 그러나 만약 당신이 그 다음 말을 계속 이어간다면 어떤 변화가 일어날까?

일대일 대화에서 당신에게 기회가 오고 그 기회가 적당하다는 판단이 서면, 개인 신앙 훈련에 대한 더 많은 탐색용 질문을 던지라. 그들이 자신의 영적 성장에 대해 교회가 맡은 역할에 만족하는지도 물어보라. 그들이 성장하도록 돕기 위해 교회가 지금까지와는 다른 어떤 행동을 해야 하는지도 물어보라.

당신은 그들 각자가 신앙 성장 과정의 어느 단계에 있으며, 교회가 그들이 다음 단계로 넘어가도록 어떻게 도와주고 있는지 좀 더 분명하게 이해할 수 있는 대답을 듣게 될 것이다. 신앙 성장의 4가지 단계에 속한 모든 사람과 빼놓지 말고 대화를 시도해 보라. 그들이 당신에게, 당신이 듣고 싶어 할 거라고 생각되는 대답이 아니라 사실을 이야기할 수 있도록 도전해 보라. 이때 조심할 것이 있다. 당신이 듣게 될 내용은 당신의 교회와 사역 방식을 대대적으로 변화시킬 수 있다.

다음은 건강한 대화를 나눌 수 있는 몇 가지 질문이다.

> 당신이 듣게 될 내용은 당신의 교회와 사역 방식을 대대적으로 변화시킬 수 있다.

- 당신과 하나님의 관계는 어떤가요?
- 요즘 당신을 영적으로 성장하도록 돕는 것은 무엇인가요?
- 어떤 사역이 당신의 삶을 변화시키며, 어떻게 변화시키고 있나요?
- 교회는 당신이 더욱 성장할 수 있도록 어떤 일을 할 수 있을까요?

be prepared to act on what you hear

들은 대로 행동할 준비를 하라

그리고 힘든 일이 생기면…

당신은 사람들에게 이야기를 듣고 나서 무엇을 하겠는가? 사람들이 듣기 힘든 말을 할 때 방어적이 되려는 충동에 넘어가선 안 된다. 그 대신 열심히 들어야 한다. 그다음에는 당신이 들은 것을 고찰하면서 그 안에 깊이 잠겨 보아야 한다. 만약 비슷한 이야기를 계속 듣는다면 거기에 어떤 진실이 내포되었을 수도 있다.

이는 당신이 들은 것을 행동으로 옮길 준비를 해야 할 필요성이 있음을 의미한다. 어느 한 사람의 말만 듣고 반응하지 말고, 여러 차례에 걸쳐 반복해 들은 것을 근거로 변화를 위한 계획을 세워 전략적으로 대응하라.

3. "이것이 누구의 성장에 어떤 도움이 되는가?"라고 물어라

당신이 행하는 사역의 효율성을 평가하기 위해 모든 사역 프로그램을 대상으로 "이것이 누구의 성장에 어떤 도움이 되는가?"라고 질문을 해보라. 이 일을 시작하기 위해 대규모 조사 프로젝트를 실시할 필요는 없다. 컴퓨터조차 필요 없다. 그저 종이 한 장과 연필을 들고 자신의 표를 그리거나, 109쪽에 그려진 빈 표를 사용하라.

간략하게 제시된 기본틀을 사용하여 그 왼쪽에 당신의 교회가 성인을 대상으로 제공하는 사역 프로그램을 기록하라. 단순히 주요 사역만 적을 수도 있고, 사역 전체를 적을 수도 있다. 그러면 다음에 나타난 표와 비슷해질 것이다.

> 열심히 들어야 한다. 그다음에는 당신이 들은 것을 고찰하면서 그 안에 깊이 잠겨 보아야 한다.

사역 프로그램	기독교를 알아감	그리스도 안에서 성장함	그리스도를 닮아감	그리스도를 중심에 모심
예배				
소그룹				
회복 사역				
여성 성경공부				
남성 조찬 모임				

그다음 당신의 사역이 각 집단에 속한 사람의 영적 성장에 어떤 영향력을 미치는지 자신의 생각을 근거로 평가해 보라. 이때는 높음, 중간, 낮음의 기준을 사용한다. 예를 들어 당신의 예배가 미치는 영향력을 다음과 같이 평가할 수 있다.

사역 프로그램	기독교를 알아감	그리스도 안에서 성장함	그리스도를 닮아감	그리스도를 중심에 모심
예배	높음	높음	높음	중간

그다음으로 몇몇 교역자에게 자기 나름대로 평가하도록 요청하라(그들에게 당신의 평가서를 보여 주지 마라). 그러고 나서 평가를 서로 비교하면 상당히 흥미로운 대화가 이루어질 것이다. 용기가 있다면 그 사역을 섬기는 평신도 가운데 몇 사람에게도 평가를 요청하라. 그들은 자신의 사역이 각기 다른 집단에 속한 사람들이 성장하는 데 얼마나 도움이 된다고 여기는가?

모든 사람의 의견이 일치하는지 살펴보라. 그리고 의견이 서로 어떤 격차를 보이는지 기록하라. 어떤 집단의 필요가 채워지고 있지 않은가? 예를 들어 윌로크릭에서 이 과정을 실시한 결과, 사람들이 개인 신앙 훈련을 하도록 훈련시키는 사역을 하지 않았다는 사실을 발견했다. 그것은 우리가 사역에서 빠뜨린 중대한 부분이었다.

이런 작업은 엄밀히 과학적인 것은 아니지만, 지금 당장 이처럼 생각할 수 있다면 당신의 사역에 엄청난 영향력을 미치게 될 무언가를 발견할 것이다.

앞으로 나아가기

윌로크릭은 최근 이 조사를 통해 우리가 제기하게 된 중요한 질문들과 그 결과로 우리가 찾고자 하는 대답들로 인해 새로운 활기찬 움직임이 나타나고 있다. 우리가 내딛고 있는 발걸음을 통해 더 많은 사람이 하나님을 향한 사랑과 다른 사람들을 사랑하는 일에서 성장하리라는 것이 감지된다. 우리는 사람들이 그리스도와의 관계에서 더 크게 성장하도록 돕는 일을 배우고, 새로운 것을 시도하고, 계속 재평가하기를 원한다.

우리는 교회 안에 있는 사람들한테서만 배우고 싶지는 않다. 우리는 당신한테서도 배우고 싶다. 이 책을 읽고 난 다음에 우리 홈페이지 www.revealnow.com에 접속해 함께 대화를 나누고 당신이 겪은 시행착오와 그 과정에서 들었던 생각, 즉 당신이 읽은 것뿐 아니라 당신이 섬기는 교회에서 어떻게 사람들이 영적으로 성장하도록 도와주고 있는지 우리

> 우리는 사람들이 그리스도와의 관계에서 더 크게 성장하도록 돕는 일을 배우고, 새로운 것을 시도하고, 계속 재평가하기를 원한다.

kingdom impact
왕국의 영향

에게 알려 주길 바란다. 우리의 바람은 이런 식으로 질문을 제기하고 그것을 통해 다른 교회들과 함께 힘을 모아 답을 연구함으로써 모든 교회 안에서 어떻게 영적 성장이 일어나는지를(그리고 일어나지 않는지를) 더 잘 이해하는 것이다.

우리는 이 주제에 관해 배우기를 멈추지 않을 것이다. 아니, 사실상 그 배움은 이제 막 시작되었다고 말할 수 있다.

이 프로젝트에 뛰어든 지 3년이 지났지만, 아직도 교회에 관해 생각하느라 한밤중에 깨어 있을 때가 자주 있다. 지금은 걱정 대신에 우리가 다음에 얻게 될 발견과 그것이 교회 전체에 가져다줄 변화를 간절히 기대하고 있다.

마지막으로 우리가 원하는 것은 하나님이 우리에게 시키신 그 일을 분명히 실천하고 있다는 사실을 인식하면서 잠자리에 드는 일이다. 그리고 어떤 사람이 100만 달러를 들고 우리 교회를 찾아왔을 때 그 헌금을 어디에 투자해 하나님 나라를 크게 확장하는 데 사용할 수 있을지 훨씬 더 잘 알게 되는 것이다.

> 우리는 이 주제에 관해 배우기를 멈추지 않을 것이다. 아니, 사실상 그 배움은 이제 막 시작되었다고 말할 수 있다.

그렉 L. 호킨스

후기: 당신은 지금 어디에 있는가?

"감추어진 일은 우리 하나님 여호와께 속하였거니와 나타난 일은 영원히 우리와 우리 자손에게 속하였나니 이는 우리에게 이 율법의 모든 말씀을 행하게 하심이니라" (신명기 29:29).

이 책의 제목을 선택할 때 '드러냄'(REVEAL)이라는 단어가 딱 들어맞는다는 생각이 들었다. 또한 그 제목이 교회가 어떻게 교인들에게 그리스도를 중심에 모시는 삶을 향하여 나아가도록 능력을 부여할 수 있는가 하는 우리의 조사에도 잘 들어맞는다고 느꼈다. 하나님이 우리 교회에 속한 사람들에 관하여, 그리고 어떻게 하면 교회가 그들이 더욱 그리스도를 닮아가며 성장하도록 도와줄 수 있는지에 관하여 새로운 깨달음을 밝히 보여 주셨다고 진심으로 믿는다. 신명기의 말씀처럼 이제 그것이 밝히 나타났으니 우리는 그것에 순종할 책임이 있다.

우리는 겉으로 드러나지 않는 것들을 측정할 수 있게 해준 조사 도구를 통하여 새로운 발견을 가져다주리라고 기대되는 새로운 렌즈를 갖고 2004년 전교인을 대상으로 조사를 진행했다. 그리고 우리 교인들의 마음속 깊은 곳에 들어가기를 소원했다. 그들의 영적 성장을 위해 무엇이 효과적이고, 무엇이 효과적이지 않은지 발견할 수 있기를 소원했다.

그 결과 그것을, 아니 그보다 더 많은 것을 깨닫게 되었다.

우리는 이 책에서 당신과 함께 나눈 발견이 실제로 우리에게 밝히 나타난 것이라고 믿는다. 하나님이 꼭 맞는 사람을 꼭 맞는 자리에 보내 주신다는 믿기지 않는 일련의 사건을 통해 주의 깊고, 신중하고, 자세하고, 더 좋아지는 방식으로 영적 성장을 측정할 수 있는 은혜를 받았다. 이렇게 해서 얻은 자료와 전문가의 분석은 이 작업의 신뢰성을 높여 주었고, 그 철저함을 거듭해서 입증해 주었다.

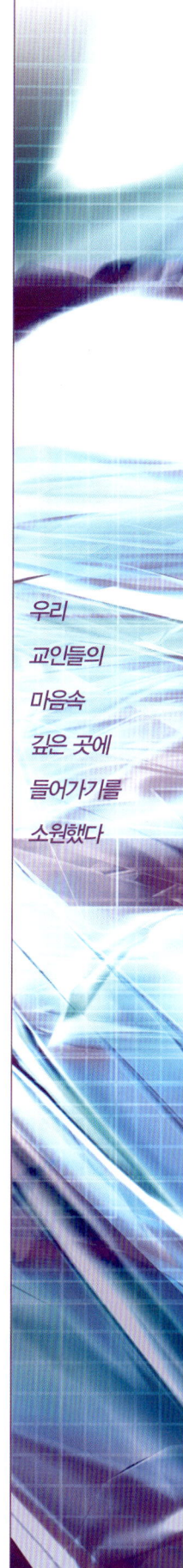

우리 교인들의 마음속 깊은 곳에 들어가기를 소원했다

우리가 발견한 것은 윌로크릭이 교회로서 자신의 역할을 바라보던 방식을 변화시켜 주었다. 윌로크릭을 마음의 고향이라고 부르는 사람들, 특히 더 높은 수준의 영적 성장을 위해 나아가는 사람의 삶에 우리가 어떤 영향을 미칠 수 있는지에 관해 전혀 새로운 사고방식을 얻었다. 그러나 영적 성장과 관련된 교회의 역할에 대해 발견한 것들을 근거로 새로운 전략을 시행할 준비를 하기까지 3년의 시간이 필요했다. 그 기간에 배운 것을 연구하느라 씨름했다는 사실을 기억할 필요가 있다.

사실 우리는 당신이 이 모든 정보를 접하고 나서 어찌할 바를 몰라 당황할 수도 있다는 사실을 안다. 그러나 그렇다고 해서 두 손 들고 항복한 채 뒤로 물러나선 안 된다. 오히려 밝히 드러난 그 엄청난 사실을 통해 당신의 교회와 사역을 새로운 시선으로 바라보도록 동기부여 하는 기회로 삼아야 한다. 그리고 **당신이 지금 당장 할 수 있는 일을 하면서 앞으로 몇 달, 아니 몇 년 동안 새로운 전략을 가지고 앞으로 나아가는 가운데 나타나는 결과와 지속적으로 씨름해야 한다.**

내 기도는 당신이 이 책을 통해 격려받고, 우리와 지속적으로 대화할 준비가 되었으면 하는 것이다. 우리 홈페이지인 www.revealnow.com을 통해 당신을 비롯해 "몇 명인가?"라는 질문 그다음을 물어볼 의욕을 가진 다른 교회 리더들과의 대화 기회를 활짝 열어 놓으면서 함께 배우는 가운데 서로를 통해 배울 수 있기를 바란다.

하나님은 당신의 마음에 사랑하는 사람들의 삶을 변화시키라는 소명을 두셨다. 그들은 하나님이 더욱 자신을 닮아 가며 성장하기를 바라는 사람들이다. 하나님이 당신의 교회에서 무얼 하기를 원하시는지 밝히 드러내 보여 달라고 간구할 것을 촉구한다.

그다음 하나님이 태초부터 묻고 계시는 이 질문에 대답할 준비를 하라.

"너는 지금 어디에 있느냐?"

RE

부 록

measure
the unseen

보이지 않는 것을 측정하다

에릭 안손

부록 ❶
보이지 않는 것을 측정하는 기술과 과학

마케팅 전략 개발이라는 학문이 시작된 초기에 모든 것은 인구통계를 근거로 삼았다. 인구통계의 흐름을 타고 거대 기업이 생겨났는데, 이는 미국 최대의 소매업체 시어스(Sears)가 경제대공황 이후에 소비자 성장을 주도하는 차세대 선두주자로서 도시 근교 사람들의 마음을 사로잡고, 맥도날드가 지나치게 바쁜 일정에 쫓기면서 자동차에 미쳐 있던 베이비붐 가정의 기호를 장악한 것과 같다.

그러나 지난 20년간 마케팅 시장의 복잡성은 그 수준이 엄청나게 증가했다. 오늘날 전문적인 마켓 전략가나 분석가들은 단순히 간단한 인구통계를 넘어 시장을 움직이게 만드는 것이 무엇인지 알아내기에 이르렀다.

나는 오랫동안 기업들이 자신의 고객을 움직이게 만드는 보이지 않는 요소를 볼 수 있도록 도와주는 연구 기법을 찾아내고 실시하는 일에 전념해 왔다. 내가 하는 일은 전문 통계학자와 조사기획자, 분석가 등 동료들의 도움을 받아 인구통계의 이면에 자리한 채 실제로 소비자의 행동을 이끌어 내는 감정과 동기, 욕구를 찾는 것이다.

바꿔 말하면 나는 보이지 않는 것을 측정하는 일을 한다.

나는 언제나 이 일, 곧 사람들이 왜 그리고 어떻게 한 가지 제품이나 브랜드에 감정적으로 푹 빠져들게 되는지에 관해 물어보는 것을 무척 매력적으로 생각한다. 예를 들어 당신 친구는 어떤 음료든 주는 대로 마시는데, 왜 당신은 다이어트 코크가 아니면 즐겨 마시지 않는지와 같은 질문이 그것이다.

기상 전문 방송은 어떻게 해서 단순히 날씨 예보만 전하는 것이 아니라, 각종 여행 정보와 알레르기 물질인 꽃가루 상황처럼 여행과 야외 활동에 관련된 모든 것에 대해 당신이 신뢰하는 전문가가 되었는가?

농기구 제작업체 존 디어(John Deere)의 경우, 고객들로부터 존 디어에서 출시한 농기구뿐 아니라 브랜드 전체에 대해 엄청난 충성도를 얻고 있는 이유가 무엇인가?

이런 종류의 질문은 사업적으로 큰 의미를 지닌다. 그러나 그것은 영적으로 보이지 않는 것들을 측정하는 일이 갖는 영적인 의미에 비교할 바가 되지 못한다.

시장 조사 과학에서의 핵심적인 발전

어떻게 그리고 왜 사람들이 구매 결정을 내리는지 알아보려는 나의 직업적 관심은 세계 최대의 생활용품 전문회사인 프록터 앤 갬블(P&G, Procter & Gamble)에서 일하면서 처음으로 시작되었다. 그 당시 피앤지 사는 자사가 출시한 제품들이 가진 특징과 기능적인 장점을 강조하는 일에 대대적으로 초점을 맞췄다. 역사적으로 그들이 일정 부분의 시장점유율을 차지할 수 있었던 이유는 출시한 제품이 경쟁사들의 제품보다 뛰어났기 때문이다. 그들은 경쟁사보다 더 하얗고, 더 밝고, 더 부드러운 제품을 만들었고, 이런 주장을 입증할 만한 증거를 갖춘 상태였다. 그러나 시간이 지나면서 경쟁사들은 자신들의 제품을 개선하여 그 격차를 좁혀 왔다. (케이크는 지나치게 부드러워지면 결국 푸딩이 되고 만다!)

그동안 그 기업을 위해 소비자 과학을 연구하던 빌 한(Bill Hahn)은 소비자에 바탕을 둔 몇 가지 조사 방법을 도입했는데, 그 안에는 사다리 기법(laddering)이라고 부르는 매우 효과적인 방법이 포함되어 있었다. 사다리 기법에 따르면 사람은 우선 제품의 특징을 알아내는 것에서 시작해서 사다리를 올라가 그 제품의 기능적인 장점에 도달하고, 마지막으로 정서적인 만족감에 도달하게 된다. 이 점을 설명하기 위해 스타벅스 브랜드를 예로 들어 보겠다 (83쪽의 "스타벅스: 사례 연구" 참조).

사다리 기법에 따르면 사람은 우선 제품의 특징을 알아내는 것에서 시작해서 사다리를 올라가 그 제품의 기능적인 장점에 도달하고, 마지막으로 정서적인 만족감에 도달하게 된다.

에릭 안슨 | 스타벅스: 사례 연구

그림 A1-1 스타벅스의 만족도 사다리

출처: 마크 미튼과 에릭 안슨(Mark Mitten and Eric Arnson), 오리지네이트 컨설팅

사다리의 맨 아래 칸에는 스타벅스에서 제공하는 최고의 커피와 빠른 서비스, 많은 지점, 무선 인터넷 등 핵심이 되는 제품의 특징 혹은 특색을 볼 수 있다. 거기에 기능적인 장점이 더해지고, 이어서 정서적인 만족도가 제품의 특징과 연계되어 전체 사다리가 만들어진다. 예를 들어 스타벅스의 많은 지점이나 늘어난 영업시간, 빠른 서비스('위치'의 가로 막대)는 편리함과 접근성에서 용이하다는 기능적인 장점을 제공해 준다. 이런 기능적인 장점은 사람들이 자신의 시간을 '통제'할 수 있다는 느낌을 갖도록 해준다. 즉 정서적인 만족감을 높여 준다.

사다리의 맨 위에 위치한 '승인'이라는 개념은 매우 중요한 것으로, 이는 그곳에서 제품과 서비스의 확장이 대상 고객에게 흔쾌히 받아들여지기 때문이다. 따라서 스타벅스가 아침 샌드위치 메뉴를 기획한 것은 그들의 브랜드가 갖는 장점의 논리적인 연장선에서 이루어진 일이며, 그들의 주력 제품인 커피와 직접 연결된다. 이 과정은 스타벅스가 자신의 고객을 제대로 이해하고 있다는 사실을 보여 준다.

> 감정적인 만족도가 기업이 의지하는 기능적인 만족도보다 더 강한 브랜드 충성도를 이끌어 낸다

빌 한은 감정적인 만족도가 기업이 의지하는 기능적인 만족도보다 더 강한 브랜드 충성도를 이끌어 낸다는 사실을 입증했는데, 이는 양적인 측면과 질적인 측면에서 모두 도움이 되었다. 그는 그 개념을 더욱 확대 계발하여 기업들이 스타벅스의 예처럼 구체적인 감정적 만족도를 염두에 둔 새 제품을 만들어 내도록 했다.

나중에 빌과 함께 화장품 업계에서 일할 때, 그는 감정적 만족도의 개념을 확장하여 무형의 만족도라는 광범위한 개념을 이끌어 냈다. 이는 그가 감정뿐 아니라 동기와 태도 역시 브랜드 충성도의 핵심적 구성요소라는 것을 발견했기 때문이다. 이 발견은 우리의 사고를 확장시켜 어떻게 하나의 제품이나 서비스가 당신에게 '느낌(감정)'을 안겨 주는지를 넘어, 무엇이 당신에게 일차적으로 그 제품을 선택하도록 만드는지(동기부여), 그리고 당신의 행동에 영향을 미치는 특정한 심적 상태가 존재하는지 아닌지(자세)까지 생각하게 해주었다.

이런 종류의 작업은 이론적으로는 그보다 더 큰 문제를 불러일으킨다. 그것은 한 소비자가 자신이 현재 사용하는 제품이나 서비스에 대해 어떻게 느끼는가 하는 것뿐 아니라 새로우면서 앞으로 더 좋아질 수 있는 기회를 제공해 주는 현재의 채워지지 못한 욕구가 무엇인가 하는 것이다. 바꿔 말하면 이런 것이다. "나는 지금 올바른 제품이나 서비스를 제공하고 있는가?" 이런 작업이 어떻게 입증되는지에 대해서는 85쪽의 "기상 전문 방송: 사례 연구"를 참조하라.

what are the unmet needs?

채워지지 않은 필요는 무엇인가?

에릭 안슨 | 기상 전문 방송: 사례 연구

1982년 기상 전문 방송이 출범했을 때 그들은 자신들이 애정을 담아 '기상 마니아'라고 부르는 텔레비전 시청자들, 곧 아마추어 기상학자로 불릴 만큼 기상에 대해 박식한 사람들의 집단에 큰 기대를 걸었다. 내가 속해 있던 회사는 그들을 찾아가서 이런 말을 했다.

"왜 우리는 '날씨가 누군가의 생활에 어떻게 영향을 미치는가?' 등 더 폭넓은 질문을 던지지 않는 걸까요?"

우리는 기상이 일상생활에 미치는 여러 가지 방식을 발견했다. 예를 들어 다음과 같다.

- 출근과 퇴근: 도로와 공중
- 야외 활동: 작업, 정원 손질, 스포츠와 레저
- 주요 기상 조건: 악천후로 인한 중단

계획이 전부다

우리의 조사는 고객들이 사전 계획을 원한다는 것을, 즉 날씨가 자신의 일상생활에 어떻게 영향을 끼치는지 이해하기를 원한다는 것을 보여 주었다. 어떤 사람들에게 날씨는 "우산을 들고 가야 하는가?"의 문제이고, 다른 사람들에게는 출근 시간이 더 걸릴 테니 알림시계를 30분 더 일찍 맞춰야 한다는 것을 의미한다. 혹은 더 심각한 경우에는 "내가 탈 비행기가 취소되거나 연착되는 경우 길에서 하루를 더 보내야 하는가?"라고 걱정할 수도 있다. 기상 전문 방송은 계획과 전적으로 관련성을 가진다. 그래서 예측할 수 없는 것, 즉 날씨를 예측 가능한 것으로 만들었다.

이런 고객의 시선을 통해 기상 전문 방송은 기상 조건에 대한 정보를 제공해 주는 것 이상의 존재가 되었다. 그 방송은 여행 여건을 알려 주는 주요 정보원도 되었다. 그런 이유에서 그들은 최근 매 10분마다 교통 정보도 알려 주는데, 이는 어떤 사람이 A지점에서 B지점으로 이동하려는 경우 자신이 그곳까지 이동하는 데 시간이 얼마나 소요되는지 알아야 하기 때문이다. 또한 기상 전문 방송은 공항 근처의 기상 조건도 추가해서 사람들이 만약 비행기를 이용해 여행하려면 어떤 일이 예상되는지 알 수 있도록 도와준다.

우리는 여행객들 외에 자신의 야외 활동 선택에 관한 도움을 얻으려고 날씨 정보에 의존하는 주말 중심적인 사람들의 집단을 발견했다. 이런 사람들은 다음 2가지 질문을 제기한다. "내가 좋아하는 야외 활동을 할 수 있을까?" "만약 그렇다면 무엇을 입어야 할까?" 프로그램을 계획하는 사람들에게 일정이라는 요소가 포함되어 있다는 사실이 분명히 드러났다. 사람들은 하루 전날 밤에 날씨를 알아서 다음 날 자신의 활동을 계획할 수 있기를 원했다.

날씨 전문 방송을 시청하는 또 다른 집단은 자연을 사랑하는 사람들이다. 그들은 꽃을 심거나 거름을 줄 때가 되었을 때 무엇을 해야 하는지 도와줄 수 있는 원예학자와 같은 전문가한테서 기상 소식을 듣고 싶어 한다.

다른 사람들은 폭풍이나 허리케인, 눈보라처럼 일상생활을 방해하는 것과 관련된 문제가 발생했을 때만 날씨에 관심을 가진다. 심각한 기상 현상이 발생하면 이런 사람들은 그 현상이 발생한 지역, 특히 그 지역이 자신이 속한 지역인 경우 사람들이 관심을 기울이고 있는지 알기 원한다. 극심한 기상 현상이 특정한 지역에 닥쳐오면 그 지역은 기상 전문 방송에 더 많이 노출된다. 이는 곧 기자들을 그 지역으로 보내고 전문가들을 스튜디오로 초대해

기상 전문 방송: 사례 연구

그 기상 현상에 대해 알아야 할 필요가 있는 모든 정보를 제공해 줄 수 있어야 함을 의미한다.

 기업의 관점에서 보면 현실적 필요(눈에 보이는 것과 보이지 않는 것 모두)에 근거해 방송 프로그램을 짜는 일에 변화를 도입한 것은 기상 전문 방송이 텔레비전과 인터넷에서 시장을 주도하는 데 도움이 되었다. 그들의 수익성은 케이블 산업 가운데 최저 3인방에서 최고 5인방으로 부상했는데, 이는 그들이 다양한 서비스를 각기 다른 고객 집단에게 제공하는 방법을 알고 있었기 때문이다.

 겨우 '기상 마니아'들에게만 정보를 제공하던 기상 전문 케이블 방송은 기상에 관한 권력자가 되어 날씨가 생활에 영향을 미치는 모든 다양한 방식에 대해 사람들이 신뢰하도록 만들었다.

 기상 전문 방송과 같은 프로젝트는 우리가 조사를 제품 만족과 브랜드 효용 너머로 확장할 수 있다는 사실을 이해하는 데 도움이 되었다. 우리는 고객이 단지 하나의 제품을 사는 것만 원하는 게 아니라는 사실을 깨달았다. 그들은 자신이 가치 있게 생각하는 그 브랜드와 관계 맺기를(혹은 더 깊은 밀착을) 원했다. 그에 대한 응답으로 우리는 3가지 질문에 대답하는 데 초점을 맞췄다.

집단
기업이 섬기기 원하는 다양한 소비자 집단은 무엇인가?

욕구
어떤 욕구가 채워지거나, 제대로 채워지지 않거나, 혹은 전혀 채워지지 않고 있는가?

무형의 것
어떻게 해야 내 브랜드가 소비자와 기능적·감정적으로 독특한 관계를 맺을 수 있는가?

충성도, 추천, 영향력
loyalty endorsement influence

헌신도 모델 깨뜨리기

나는 제품을 개발하는 기업을 떠나 컨설팅 업계에서 일했으므로 광범위한 소비자 브랜드 전반에 걸쳐 이 질문을 더욱 깊이 있게 파고들 수 있었다. 나는 장기 계획을 위한 소비자 조사를 만들어 내는 데 선두를 달리는 한 컨설팅 그룹에서 전략 계획과 신제품 개발을 하며 5년 동안 근무했다. 우리가 사용하는 심층 설문지들은 소비자의 욕구나 동기, 심리, 구입 기준, 생활 여건, 행동 등을 철저하게 연구하도록 만들어 주었다. 우리는 심지어 고객과 함께 쇼핑을 하기도 한다. 그다음에는 조사기관을 통해 수천 가지의 응답을 수집한다.

이 모든 자료를 분류하여 의미 있는 정보를 추리는 일은 과학과 마찬가지로 많은 기술이 요구된다. 우리는 사람들이 한 브랜드를 선택하고 거기에 충성을 다하게 만드는 가장 중요한 기폭제를 찾기 위해 제품의 특징과 브랜드 효용에 연결되는 사람의 감정이라는 렌즈를 통해 모든 것을 바라보았다. 또한 우리는 여러 브랜드 집단을 이해하는 방식을 찾으려고 노력했다. 그래서 전반적인 브랜드 행동이 어떻게 만들어지는지 이해할 뿐 아니라 어떤 마켓 집단이 가장 커다란 기회를 제공하는지 알아내려고 했다

(이에 대해서는 88쪽의 "청소 제품: 사례 연구" 참조)

1990년대 중반 우리는 존 코프랜드(John Copeland) 박사를 고용했는데, 그는 사회심리학 분야에서 포괄적인 표본조사 경험을 가진 사람이었다. 코프랜드 박사는 보이지 않는 것을 이해하는 일이 높은 수준의 브랜드 헌신도를 만드는 데 필수적이라는 사실을 정량적으로 입증했다. 거기에 포함되는 것은 다음과 같다.

- **충성도** – 오직 하나의 브랜드 제품이나 서비스만 사용함
- **추 천** – 친구들에게 권하는 등 기꺼이 추천하고 지지함
- **영향력** – 동일한 브랜드에서 나온 새 제품이나 서비스를 적극적으로 사용함

> 우리는 사람들이 한 브랜드를 선택하고 거기에 충성을 다하게 만드는 가장 중요한 기폭제를 찾기 위해 제품의 특징과 브랜드 효용에 연결되는 사람의 감정이라는 렌즈를 통해 모든 것을 바라보았다.

청소 제품: 사례 연구

에릭 안슨

새로운 제품을 도입할 때는 어느 집단의 사람들이 이 제품을 사용하는 데 관심을 가질 것인지 파악하는 게 중요하다. 소비자 조사의 어려움은 소비자가 한 사람이 아니라는 사실이다. 바꿔 말하면 소비자는 모두 동일하다는 전제 하에 접근해서는 안 된다는 것이다. 소비자를 집단으로 분류하여 그들이 어느 정도 비슷하거나, 다른지를 알아내야 할 필요가 있다.

청소 제품을 개발한 한 기업이 내가 근무하던 회사와 계약했을 때, 우리가 행한 조사에서 4가지 집단이 있음을 발견했다.

- 나는 세균이 없는 곳에서 살고 싶다: 자신의 건강을 위해 깨끗한 집에서 살고 싶어 하는 사람들
- 나는 깨끗하니까 괜찮을 거야: 다른 사람들에게 판단을 받을 거라는 생각 때문에 깨끗한 집을 원하는 사람들
- 난 최선을 다할 거야: 깨끗한 집을 원하지만 거기에 집착하지 않는 사람들
- 이건 내 집이야: 자기 집이 어떻게 보이든 상관하지 않는 사람들

청소 제품 개발 회사가 제기한 질문은 다음과 같다.

만약 우리가 청소하기에 가장 쉬운 새 제품을 들고 시장에 나선다면, 4가지 집단 가운데 어디가 마케팅 대상이 되겠는가? 무균 상태를 원하는 광적인 사람들인가? 아니다. 그들은 직접 세균을 박박 문질러 죽이려고 할 것이다.

'나는 깨끗하니까 괜찮을 거야' 집단은 어떤가? 이들은 친구가 자기 집을 보러 오기 때문에 깔끔하게 정돈되어 있기를 원하는 사람들이다. 겉으로 보기에는 명백한 선택 같지만, 역시 틀렸다. 이들은 손쉬운 해결 방법을 원하지 않는다. 그들은 철저한 작업 과정을 거치길 원한다. 그들은 집을 깨끗이 하는 데 들인 시간과 노력을 다른 사람들이 알아주길 바란다.

좋다! 그러면 가장 게으른 '이건 내 집이야' 사람들을 대상으로 해야 한다는 의미인가? 왜냐하면 이 제품은 사용 방법이 정말 쉽기 때문이다. 하지만 대답은 여전히 "아니요"다. 이런 사람들은 할 일이 잔뜩 쌓여 있다. 그리고 자신이 있는 곳 어디서나 그런 일을 쌓아 두려고 한다. 이것이 그들의 방식이다. 그들은 깨끗한 환경에 연연해하지 않으며 청결 상태는 그리 문제가 되지 않는데, 그것은 그들에게 자신의 시간을 투자해야 할 더 중요한 일이 있기 때문이다.

이제 마지막으로 '난 최선을 다할 거야' 집단이 남는다. 이들이야말로 새 청소 제품에 딱 들어맞는 사람들이다. 이들은 "오, 세상에! 난 이제 집안 전체를 청소하는 데 청소기를 돌리지 않을 거야. 하지만 뭔가 엎지른 자국을 발견하거나 얼른 청소하고 싶은 곳이 눈에 띄면 쉽고 빠르게 해치울 수 있어."

이 사례를 통해 우리는 소비자 조사를 활용하여 서로 다른 집단을 이해하고 어느 집단이 제품의 보이지 않는 부분에 반응할지 예측하는 데 도움을 받았다.

이제 효과적인 브랜드 관리를 위해서는 기업들이 자신이 만든 제품의 감정적인 장점과 브랜드의 보이지 않는 다른 부분을 이해하고 키워 나가는 것이 요구되고 있다. 그런 소비자 중심의 기획 짜기는 포장된 상품 산업 전반으로 들불처럼 번져 갔다. 제품 책임자와 브랜드 책임자가 서로 다른 산업군으로 이동하면서 (내구재, 여행, 금융 서비스, 보험과 소매업을 포함해) 심도 있는 소비자 중심의 기획 짜기가 재빠르게 그 뒤를 따랐다. 감정이나 동기, 마음가짐에 대한 소비자 자료 (브랜드에 대한 헌신도의 증가를 촉발시키는 보이지 않는 부분) 는 효과적인 전략을 세우는 데 기본적인 조건이 되었다.

돌파구는 코프랜드 박사가 소비자의 헌신도를 결정짓는 데 가장 중요한 보이지 않는 요인을 줄일 수 있게 해주는 정량 모델, 즉 '브랜드 헌신도' 모델을 만들어 냈을 때 찾아왔다. 그는 우리가 제품 범주 안으로 들어가 감정이나 마음가짐, 동기 등에 관한 진술을 통하여 그것을 분류하고, 이어서 우리 브랜드나 경쟁 브랜드에 대한 모든 헌신도가 어느 정도 수준인가에 대한 가능성과 그 헌신에 대한 근거를 '경험론적으로 예측' 할 수 있음을 발견했다.

그는 기능적 효용과 감정적 효용에 관한 우리의 이전 작업을 확장하여 브랜드 정체성에 대한 관점을 포함하는 한층 폭넓은 견해를 이끌어 냈다. 그는 브랜드는 인격체이지, 기업이 제공하는 제품이 아니라고 했다.

감정이나 동기, 마음가짐에 대한 소비자 자료는 효과적인 전략을 세우는 데 기본적인 조건이 되었다.

emotions 감정
motivations 동기
attitudes 태도

"Just Do It" 그냥 해

나는 이 점을 간단하면서도 잘 알려진 소비자의 예를 들어 쉽게 설명할 수 있다. 당신은 '나이키'라는 말을 들었을 때 그들이 판매하는 제품을 바로 떠올리지 못할 수도 있다. 오히려 그들의 표어인 "그냥 해"(Just Do It)가 처음으로 떠올랐을 수도 있다. 나이키의 브랜드 정체성은 이 표어를 반영하는데, 이것은 그 브랜드의 명성과 개성, 역사 등 보이지 않는 것들로 이루어져 있다. 나이키의 브랜드 정체성은 당신에게 그 제품을 한번 사 보라는 생각을 심어 줄 수 있다. 일단 당신이 돈을 지출하면 나이키 신발은 거기서 한 걸음 더 나아가 잘 맞고, 기능이 뛰어나고, 품질이 좋은 제품으로 다가온다. 당신은 세상에 자신의 브랜드에 대한 약속을 얼마든지 만들어 낼 수 있지만 (이게 바로 브랜드 정체성임), 당신의 약속이 만들어 낸 기대감을 충족시키거나 그것을 뛰어넘지 못하면 그 제품은 실패할 것이다. 기대감을 채워 주거나 더 많은 것을 전해 주는 것은 충성도와 입소문과 추천을 만들어 내며, 마지막에는 브랜드에 대한 헌신을 이끌어 낸다.

분석의 장점은…

분석의 장점은 그것을 제품 범주 전반에 걸쳐 적용할 수 있다는 점이다. 우리는 기상 정보나 텔레비전 시청, 금융 서비스, 신발 등 다양한 제품 범주를 살펴보았다. 당신이 어떤 제품 범주를 선택하든 우리는 그에 맞는 헌신도 모델을 적용할 수 있다.

헌신도 모델이 우리에게 가능하게 해준 것은 하나의 제품을 시도해 보려고 하는, 혹은 시도하지 않으려고 하는 어떤 사람의 '예측성'을 살펴보는 일이었다. 우리는 어떤 제품 범주에도 말 그대로 뛰어들 수 있고, 한 개인이 하나의 제품을 다량 구입할지 혹은 소량 구입할지를 알아낼 수 있다.

이 일의 까다로운 점은 다음과 같다. 예측성은 사람들의 마음과 생각 안에 무엇이 진행되고 있는지에 대해 얼마나 잘 알고 있느냐에 따라 결정된다는 점이다. 우리가 사용하는 잣대는 자기 기술적 방법이다. 우리는 소비자들이 제품에 대해 얼마나 강력하게 느끼는지를 질문한다. 우리는 응답의 강도를 (매우 그렇다, 그렇다, 그렇지 않다, 전혀 그렇지 않다 등) 측정해서 감정, 마음가짐, 동기 들을 측정한다. 그런 다음 그 응답을 바람직한 장점과 행동에 관한 다른 응답들과 비교하여 실제로 소비자의 행동을 유발하는 것이 무엇인지 파악한다.

나는 동료들과 함께 이 원칙과 접근 방법을 6가지 제품 범주에 속한 250개 이상의 브랜드에 적용시켜 보았다. 그 대부분은 소비자 제품과 서비스였는데, 리더십 개발이나 체육 훈련 등 새로운 분야를 개척하기도 했다. 그리고 그 범주가 기능적인 차원과 효용, 감정적인 차원과 효용을 가지고 있는 한 어떤 범주에 속하느냐는 그리 문제가 되지 않는다는 사실을 발견했다.

기업에 적용되는 것이 교회에도 적용될까?

윌로크릭 커뮤니티 교회와 함께 일할 새로운 기회가 찾아왔을 때, 나는 우리가 시장에서 배운 것들을 교회라는 영역에 적용한다는 사실과 사람들이 어떻게 영적으로 성장하는지를 더 깊이 이해할 수 있다는 사실에 큰 흥미를 느꼈다.

우리는 헌신도 모델을 사용하여 사람들의 마음속을 들여다봄으로써 하나님을 향한 사랑과 그리스도에 대한 헌신을 증진시키는 것이 무엇인지 이해하게 되기를 바랐다. 그것은 엄청난 도전이었는데, 완전히 새로운 분야였기 때문이다. 말하자면 이 전체 범주는 내부적으로 한 번도 탐험된 적이 없는 곳이었다.

우리는 그리스도를 향한 헌신이 점점 자라도록 하기 위해 무엇이 가장 중요한지—무엇이 효과를 발휘하며 ('동력'), 무엇이 효과를 발휘하지 않는지 ('장애물')—발견하려고 노력했다. 또한 사람들이 자신의 영적 성장에 관하여 얼마나 만족하고 있으며, 그 일과 관련해 교회의 역할에 얼마나 만족하고 있는지 알고 싶었다. 그리고 교회에 주어진 가장 커다란 기회들,

우리는 헌신도 모델을 사용하여 사람들의 마음속을 들여다봄으로써 그들을 이해하게 되기를 원했다.

> 교회에 주어진 가장 커다란 기회들에 대해 약간의 통찰력을 얻으려고 했다.

곧 영적 성장을 돕는 데 교회가 그 밖에 달리 제공할 수 있었던 것들(하지만 지금은 제공해 주지 않는 것들)에 대해 약간의 통찰력을 얻으려고 했다. 기독교 신앙처럼 복잡한 이런 범주치고는, 우리가 발견한 질문의 대답은 놀라울 정도로 간결하면서도 대단한 흡인력을 가졌다.

surprisingly simple extremely compelling

놀랍게 간결하지만 극도로 수긍할 수밖에 없는

에릭 안슨

부록

이 책의 조사 방식과 방법론

이 프로젝트는 하나의 간단한 질문과 함께 시작되었다. 과학적 조사가 과연 우리가 영적 성장이 어떤 것인지 이해하고, 그것을 측정할 수 있도록 도와줄 수 있을까? 나는 그 질문에 "그렇다"라고 대답할 수 있다고 믿는다. 나는 개인의 영적인 믿음과 행동을 측정하기 위해 소비자의 마음가짐이나 행동을 측정한 것과 동일한 조사 도구를 사용할 수 있으리라는 확신이 섰다.

다음은 우리가 사용한 조사 방식과 방법에 대한 간략한 개관이다.

조사 방식

우리가 실시한 조사 방식은 3가지 핵심 분야와 그에 연관된 질문에 초점을 맞추었다.

- **집단**: 교회는 여러 가지 분류/집단 사람들 중 누구를 섬겨야 하는가?
- **욕구**: 각각의 집단이 가진 욕구 가운데 채워진 것은 무엇이고, 잘 채워지지 않은 것은 무엇이며, 전혀 채워지지 않은 것은 무엇인가?
- **동력과 장애물**: 영적 성장에 원동력이 되는 것은 무엇이며, 영적 성장을 가로막는 것은 무엇인가?

이 3가지 영역은 우리가 수집한 정보를 구성하기 위한 중심이 되는 뼈대를 제공했다.

방법론

대체적으로 말해 조사 방법에는 2가지 종류가 있다. 하나는 질적인 것이고 다른 하나는 양적인 것이다.

질적인 조사

이것은 전형적인 일대일 과정으로, 조사자가 한 명의 개인에게 직접 질문을 제기하는 것이다. 이때 질문은 단순히 정보와 의견만을 얻기 위해서가 아니라 이면에 존재하는 감정과 동기를 알기 위한 것이다. 조사자는 가설과 믿음, 마음가짐, 동기 등을 명확히 밝히는 데 도움을 얻기 위해 이런 질적인 자료를 활용한다. 질적인 작업은 종종 처음 단계에 시행되는데, 이는 질적인 조사가 조사자에게 양적인 도구에 사용될 언어들을 정밀하게 조정할 수 있도록 해주기 때문이다.

가설과 믿음, 마음가짐, 동기 등을 명확히 밝히는 데 도움을 얻기 위해 이런 질적인 자료를 활용한다.

양적인 조사

이 과정은 수천 명의 사람에게 배포된 상세한 설문지를 활용한다. 질문은 전형적인 객관식이며, 참가자들은 각각의 질문에 실린 답변 가운데 가장 알맞은 항목을 선택한다. 양적 조사를 통해 방대한 양의 자료를 수집하는데, 그 자료는 통계학자가 상당한 유연성을 가지고 결과를 분석할 수 있게 해준다.

우리는 윌로크릭 커뮤니티 교회에만 초점을 맞추었던 2004년에도 양적인 방법과 질적인 방법을 모두 사용했다. 다음은 2007년 설문조사 때 사용한 방법을 요약한 것이다.

질적인 측면(2006년 12월)
- 68명의 교인과 일대일 면접 실시: 우리는 특별히 영적 성장 단계에서 가장 높은 수준에 이른 사람을 선발했다. 우리의 목표는 사용할 설문지를 새로 작성하는 데 지침이 될 수 있는 언어와 통찰력을 얻는 것이었다.
- 면접 시간: 30-45분
- 15개 주제에 초점을 맞춤: 주제에는 영적인 성장 과정과 교회 배경, 개인 신앙 훈련, 영적 마음가짐과 믿음 등이 포함되었다.

양적인 측면 *(2007년 1-2월)*

- 지리적·문화적으로 다양한 일곱 교회를 대상으로 이메일 조사가 실시되었다.
- 4,943개의 완성된 설문지를 접수받았는데, 총 자료 항목은 140만 개였다.
- 주제별로 53개의 설문을 사용했다.

> 기독교와 개인의 신앙생활에 대한 자세
>
> 성경 읽기나 기도, 일기쓰기, 개인 묵상 등의 횟수에 관한 진술이 포함된 개인 신앙 훈련
>
> 교회 전체와 구체적인 교회의 모습에 대한 만족도
>
> 영적 성장에 가장 큰 장애가 되는 것
>
> 주일 예배나 소그룹, 청소년 사역, 봉사활동 등 교회 활동의 참여와 그에 대한 만족도

우리는 가능한 최고 수준의 조사 기준을 세웠는데, 거기에는 인내를 요하는 질적 조사 과정이 포함되었다. 또한 여러 지역의 교회에서 상당한 수의 응답지를 받았다. 우리는 이런 뜨거운 호응으로부터 자료를 분석하는 데 커다란 유익을 얻었다.

> *우리는 가능한 최고 수준의 조사 기준을 세웠는데, 거기에는 인내를 요하는 질적 조사 과정이 포함되었다.*

캘리 파킨슨

부록

덤으로 얻은 12가지 발견

발견 1: 교회 안에서의 성장이야말로 사람들이 기독교를 알아 가기 시작하는 주도적인 이유다. 다른 이유들은 개인적인 공허감이나 갈등과 관련이 있다.

우리의 조사는 사람들이 어떻게 믿음의 길에 들어서기 시작했는지에 따라 신앙 성장 과정에 별다른 차이가 없음을 보여 주었다. 이 사실은 '기독교를 알아감' 집단에 속한 사람과 '그리스도를 중심에 모심' 집단에 속한 사람 모두가 자신들이 교회 안에서 성장했고, 살아오는 동안 줄곧 기독교에 관해 알았음을 의미한다(97쪽의 표 A3-1 참조).

가장 의미 있는 동기, 곧 신앙의 길에 들어서려는 진지한 마음을 불러일으킨 것은 "교회 안에서 성장했다"의 뒤에 오는 4가지 진술일 것이다. 이 진술은 대부분 중복되지 않는데, 이는 그런 동기들이 비교적 서로 독립적임을 의미한다. 따라서 사람들은 "교회 안에서 성장했다"와 함께 다른 동기를 여러 가지가 아니라 단 하나만 선택하는 경향을 보였다. 이것은 예를 들면 50퍼센트 이상이 "교회 안에서 성장했다"를 선택했지만, 우리가 볼 때 30퍼센트에 이르는 사람이 "자신의 삶에 무언가 빠져 있기" 때문에 기

meaningful motivations

의미 있는 동기

발견 5: 사람들은 중독이나 감정적인 문제 같은 중대한 장애물이 자신의 영적 성장을 방해한다고 솔직하게 인정한다.

살다 보면 사람들의 영적 성장을 가로막는 일이 자주 발생한다. 일반적으로 신앙 성장 과정에서 어느 수준에 있느냐는 한 가지 예를 제하고는 크게 두드러지지 않는다.

표 A3-5
많은 사람, 특히 정체 집단이
영적 성장 과정에 '중대한 장애물'을 경험한다

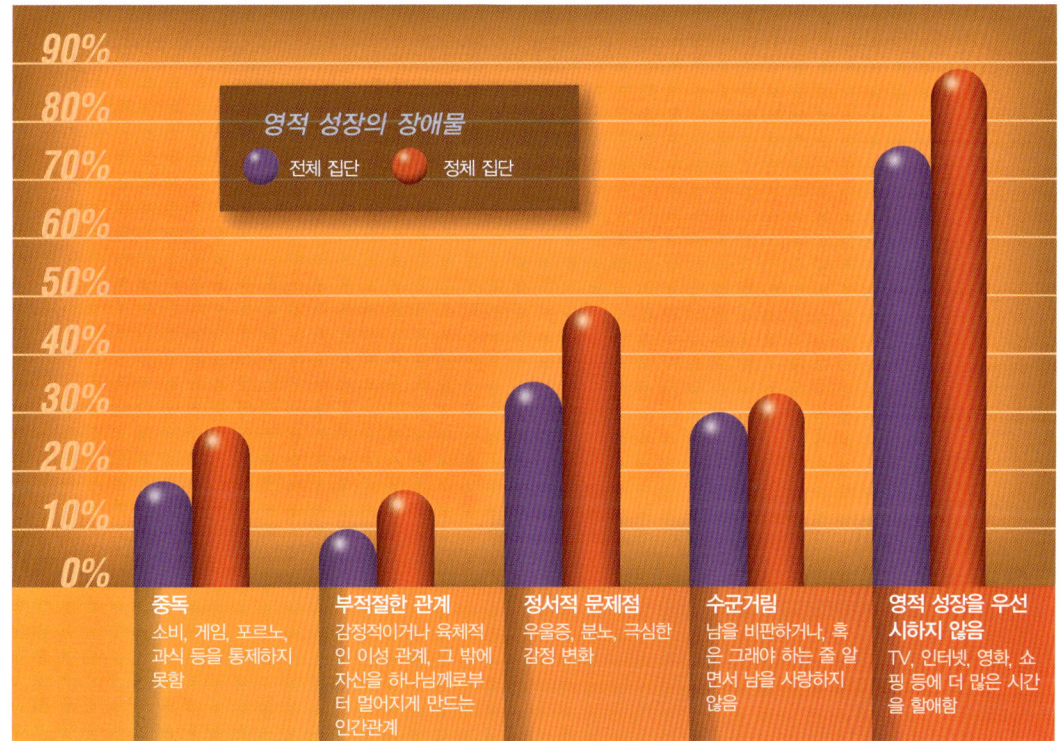

정체 집단은 신앙 성장 과정에서 모든 '장애물' 범주(중독이나 부적절한 관계 등)에서 높은 수준의 '중대한 장애물'이 존재한다고 일관되게 보고하는 유일한 집단으로 나타났다. 그것은 여기에 속한 사람들이 그들을 영적 성장으로부터 벗어나게 하는 생활환경이나 개인적인 도전에 직면했기 때문일 수도 있다.

발견 2: 사람들이 교회에 출석하기 시작한 것은 주로 개인적인 인간관계나 권유 때문이다.

사람들이 처음 교회에 나오게 된 3가지 이유는 사람들과의 인간관계나 그들의 권유와 관련이 있다. 다른 이유로는 지역 교회를 의도적으로 살펴보기 위해서나, 호기심에서 비롯된 방문이 있다.

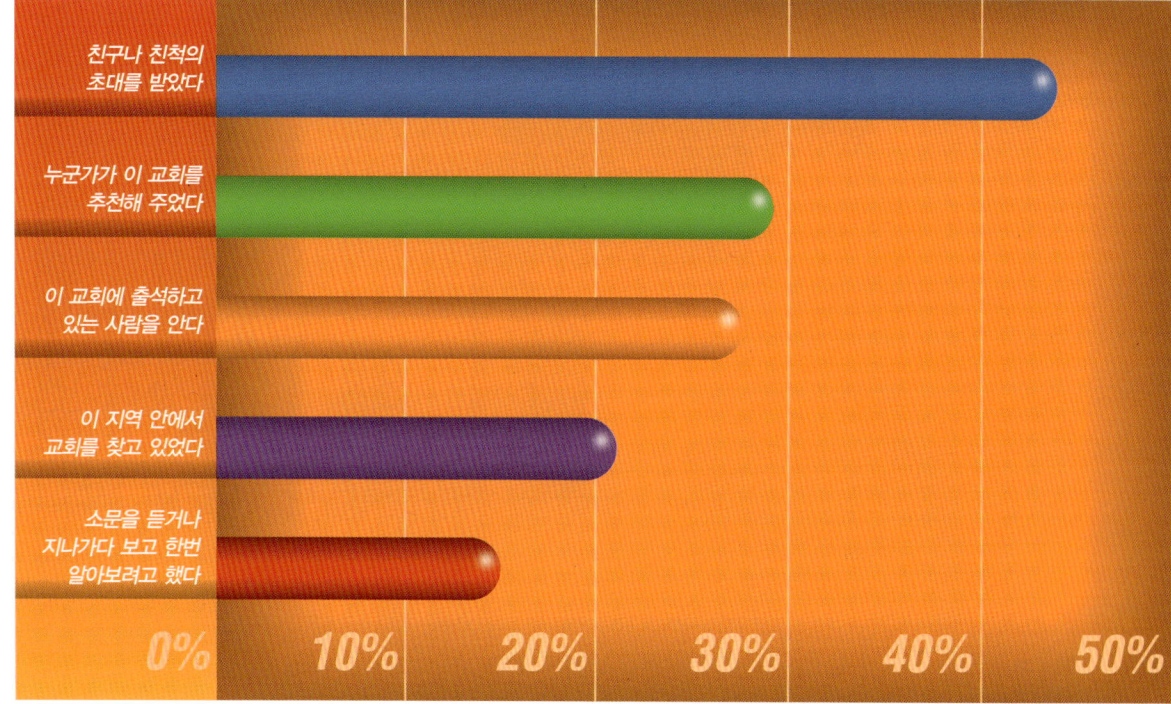

표 A3-2
사람들이 처음 교회를 찾은 5가지 이유

여러 개의 항목을 선택해도 무방함

- 친구나 친척의 초대를 받았다
- 누군가가 이 교회를 추천해 주었다
- 이 교회에 출석하고 있는 사람을 안다
- 이 지역 안에서 교회를 찾고 있었다
- 소문을 듣거나 지나가다 보고 한번 알아보려고 했다

사람들이 어떻게 해서 교회를 찾았는지에 대해서는 신앙 성장 과정별로 거의 차이가 없었다. '기독교를 알아감'과 '그리스도 안에서 성장함' 집단에 속한 이들은 자신이 친구나 친지의 초대를 받았다고 대답한 확률이 높았다.

발견 3: 하나님에 대한 감사와 하나님을 의지하는 마음을 표현하는 일은 신앙이 성장하면서 급격히 상승한다.

영적인 연장선상에서 볼 때 하나님을 향한 감사의 마음과 하나님을 의지함이 거의 배가 된다.

퍼센트는 각 집단에서 이 진술에 대해 "매우 그렇다"로 응답한 사람들을 가리킨다. 예를 들어 '그리스도를 중심에 모심' 집단의 90퍼센트 정도가 "하나님의 도우심 없이는 혼자서 해나갈 수 없다는 것을 안다"에 "매우 그렇다"를 택했다.

표 A3-3
하나님께 대한 감사와 의존도는
영적으로 성장하면서 크게 증가한다

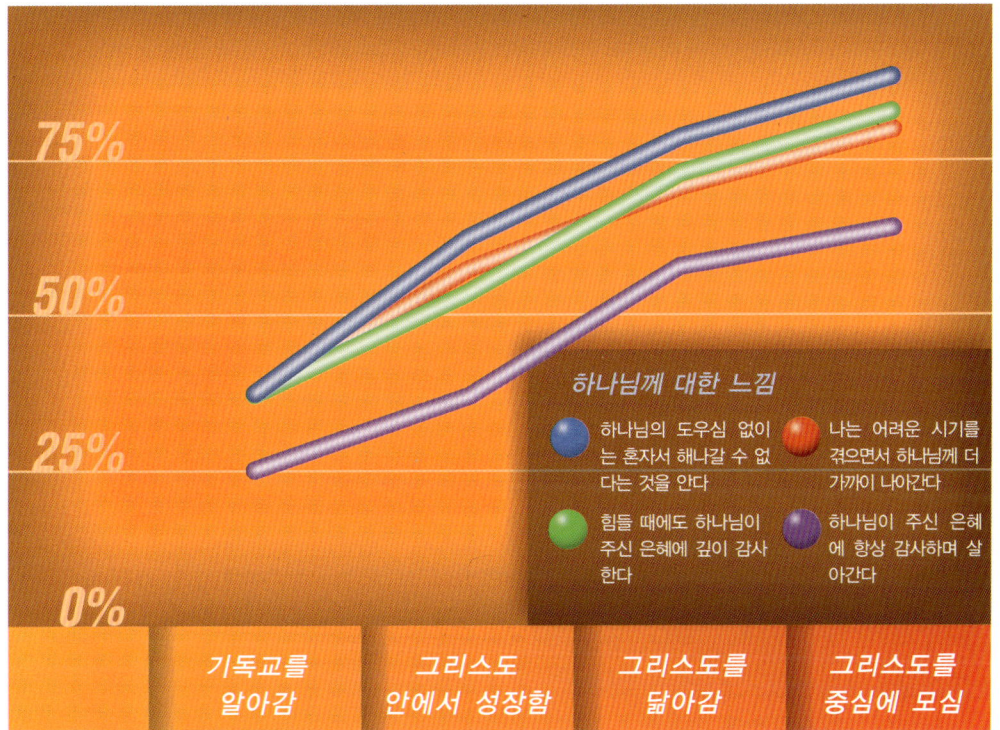

이것은 우리가 영적 성장을 이해하기 위한 가장 효과적이고 예측 가능한 뼈대가 무엇인지를 결정하면서 평가했던 여러 가지 진술문에 대한 매우 훌륭한 예다. 표에 나타난 이런 일관된 응답의 형태는 여러 가지 진술문과 (마음가짐이나 행동, 동기 등에 관한) 신앙 성장 과정 사이에 존재하는 강력한 유대 관계를 반영한다. 이런 판에 박은 듯한 움직임은 (위의 표에 나타난 것처럼) 집단으로 분류한 뼈대의 정확성과 예측 가능성이 매우 높다는 것을 의미한다.

발견 8: 대부분의 집단에서 가장 많이 하는 전도 활동은 기도에 관해 이야기하거나 불신자에게 기도해 주겠다고 제안하는 것이다.

조사 응답자들은 재미있는 혼합된 전도 활동을 보여 주는데, 그 가운데 가장 높은 빈도를 차지하는 것은 기도에 관해 이야기하거나 불신자에게 기도해 주겠다고 제안하는 일이다. 모든 전도 활동은 신앙이 성장하면서 증가하는데, 이는 가장 훌륭한 전도자란 신앙 성장에서 후반 단계에 속한 사람이라는 사실을 입증해 준다.

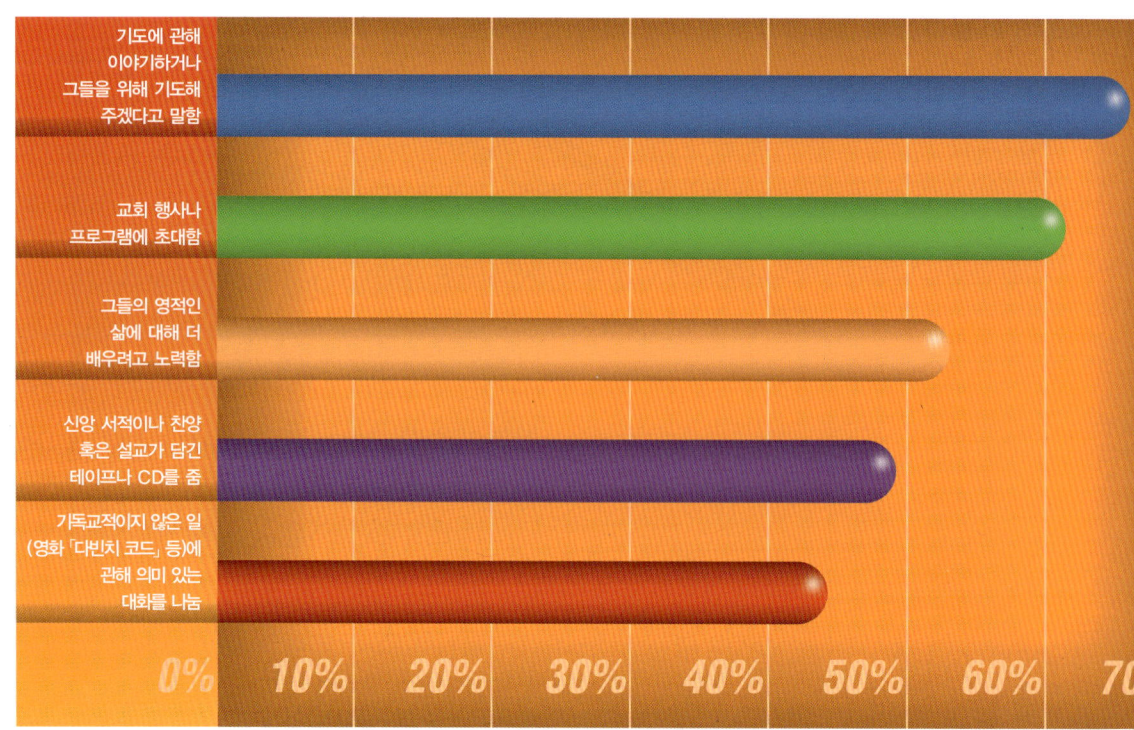

표 A3-8
가장 많이 하는 5가지 전도 활동

"그들의 영적인 삶에 대해 배우려고 노력한다"는 항목이 "기독교 관련 용품을 준다"보다 약간 더 많은 응답을 받았다는 것이 흥미롭다. 그리고 영화처럼 기독교적이지 않은 일에 관해 대화를 나누는 것은 다른 전도 활동만큼 중요하게 여겨지지 않았다.

독교를 진지하게 알아 가기 시작했고, 20퍼센트는 "더 고상한 목적을 찾고" 있으며, 18퍼센트는 "부정적인 모습"으로 말미암아 믿음의 길에 들어서기 시작했음을 의미한다.

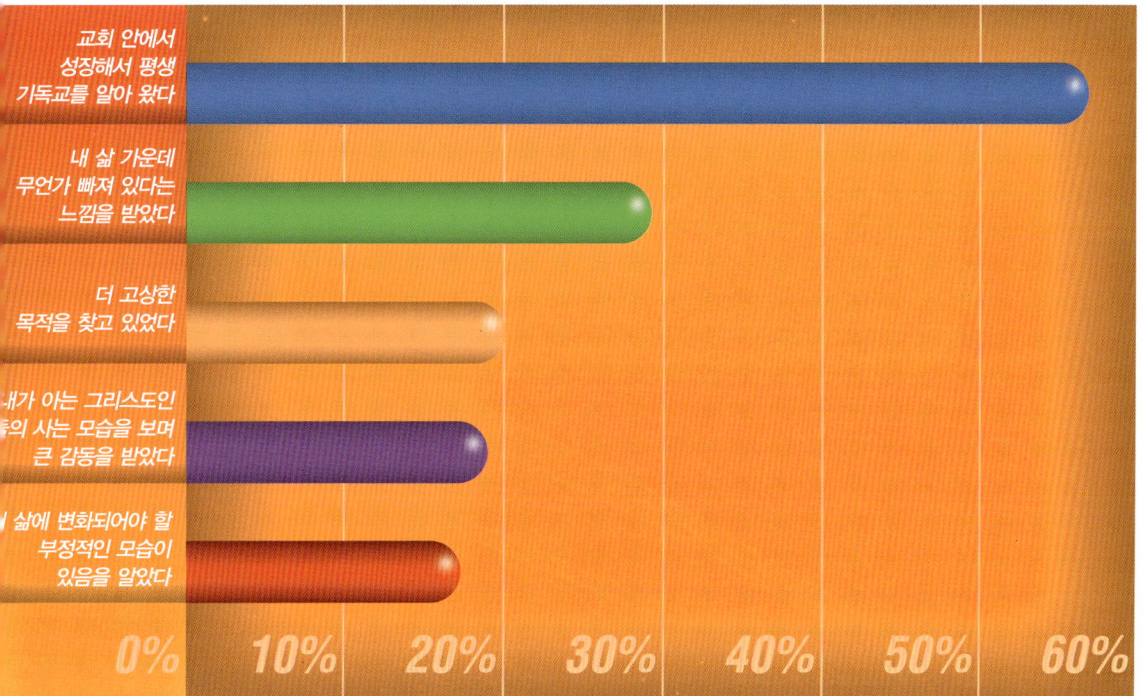

표 A3-1
사람들이 기독교를 알아 가기
시작한 가장 중요한 5가지 이유

여러 개의 항목을 선택해도 무방함

그리고 신앙 성장 과정에 따라 흥미로운 작은 차이점이 존재했다. 예를 들어 '기독교를 알아감'과 '그리스도 안에서 성장함' 집단에 속한 사람들은 다른 집단에 속한 사람들보다 "더 고상한 목적을 찾고 있다"와 "내 삶 가운데 무언가 빠져 있다"라고 대답한 확률이 높았다.

발견 6: 사람들은 신앙 성장 과정을 밟아 가면서 '자신을 책임져' 주는 영적 공동체의 필요성을 더 절실하게 느낀다.

영적인 인간관계는 사람들이 영적으로 성장해 가면서 그 역할이 점점 증진된다. 사람들은 "나를 책임지고" "내게 진리를 말해 주는" 사람들과의 관계가 더 필요하다고 말한다.

퍼센트는 각 집단에서 해당 진술문에 대해 "매우 그렇다"고 응답한 사람들을 가리킨다. 예를 들어 '그리스도를 중심에 모심' 집단의 60퍼센트 이상은 "내 삶에 영향을 주는 다른 기독교인과 친밀한 관계를 맺고 있다"라는 진술에 "매우 그렇다"라고 응답했다.

표 A3-6
**영적으로 성장하면서 영적인 관계의
역할과 중요성에 대한 요구가 상승한다**

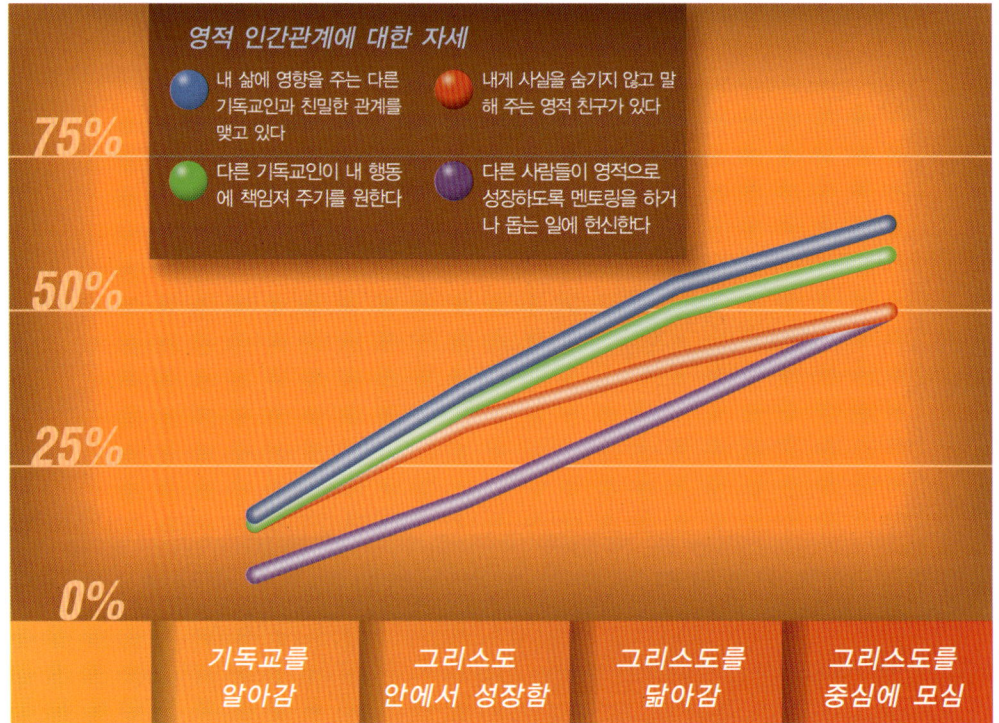

흥미롭게도 가장 영적으로 성장한 집단은 자신이 "다른 사람들이 영적으로 성장하도록 돕거나 멘토링하는 일"에 전념하고 있다고 응답한다. '그리스도를 중심에 모심' 집단의 50퍼센트는 이 진술에 "매우 그렇다"라고 답했다.

발견 7: 사람들이 봉사를 하는 이유는 다양하지만, 가장 중요한 것은 그들이 그것을 자기 믿음의 표현이라고 생각한다는 점이다.

봉사에 대한 태도는 영적으로 성장하면서 점점 크게 부각된다. 다음 표는 왜 사람들이 봉사가 중요하다고 믿는지에 대한 흥미로운 체계적 이유를 확실히 보여 준다. "우정을 쌓아 가는 것"은 "우리 교회가 그 비전을 이루는 것을 돕기 위해"를 포함해 다른 이유들보다 훨씬 덜 중요한 것으로 나타났다.

퍼센트는 각 집단에서 각각의 항목에 "매우 그렇다"고 응답한 사람을 가리킨다. 예를 들어 '그리스도를 중심에 모심' 집단 전체의 75퍼센트는 "봉사가 그리스도를 닮아 가는 것을 보여 주는 가장 중요한 방법 가운데 하나다"에 "매우 그렇다"라고 답했다.

표 A3-7
사람들은 왜 봉사하는가

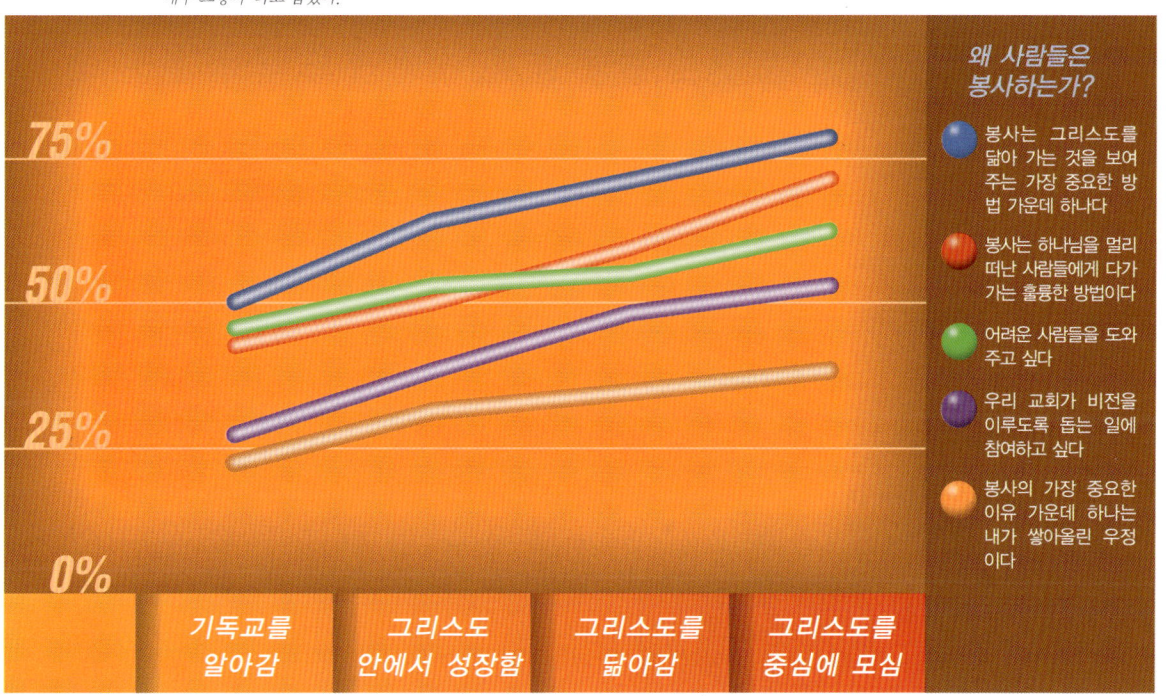

다른 흥미로운 발견은 '그리스도를 닮아감'과 '그리스도를 중심에 모심' 집단에서는 "하나님을 멀리 떠난 사람들에게 다가가는 것"이 "봉사는 그리스도를 닮아 가는 것을 보여 주는 가장 중요한 방법 가운데 하나"라는 응답 다음으로 강력한 동기가 된다는 점이다.

발견 4: 일상생활 가운데서 신앙 훈련에 대한 느낌이나 마음가짐은 그들의 신앙 성장 단계에 따라 크게 향상된다.

사람들이 기도와 성경 읽기의 중요성에 대해 갖는 자세는 '기독교를 알아감' 집단에서 '그리스도를 중심에 모심' 집단으로 성장하면서 5배가 증가한다.

퍼센트는 각 집단에서 해당 진술문에 대해 "매우 그렇다"고 응답한 사람들을 가리킨다. 예를 들어 '그리스도를 중심에 모심' 집단의 60퍼센트 이상은 "기도는 내 일상생활의 중심이 되는 부분이다"라는 진술에 "매우 그렇다"라고 응답했다.

표 A3-4
신앙 훈련의 중요성에 대한 자세는 신앙이 성장하면서 가파르게 상승한다

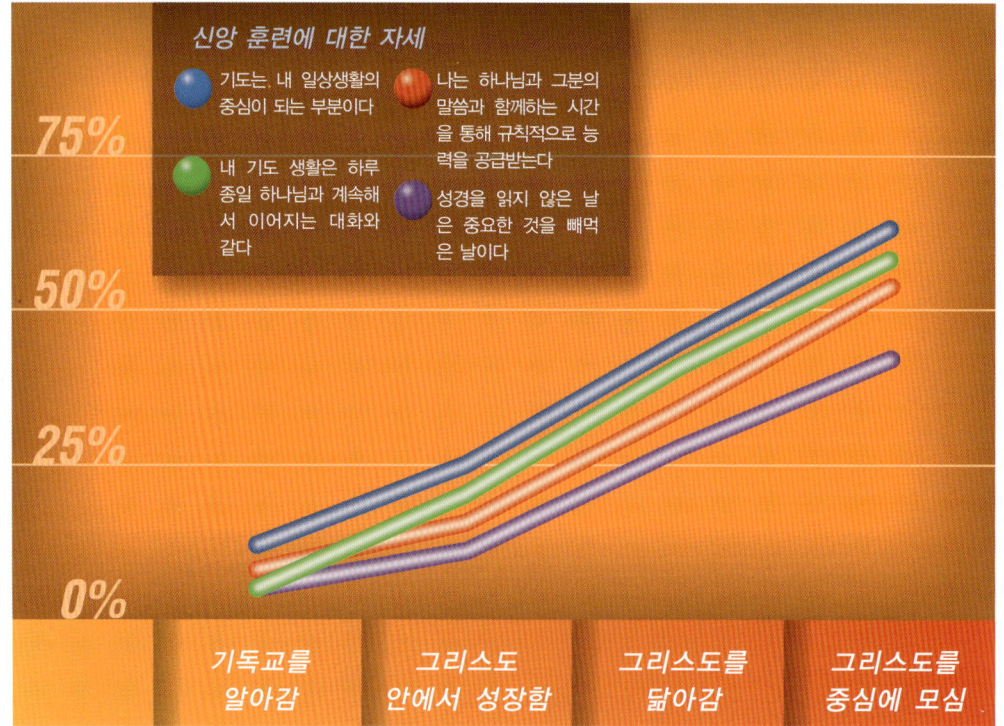

이 표는 '그리스도를 닮아감'과 '그리스도를 중심에 모심' 집단에 속한 사람들은 규칙적으로 기도하고 성경을 읽는 것을 반드시 해야 하거나 하지 않으면 안 되는 일이라고 생각하기 때문에 그렇게 하는 것이 아님을 보여 준다. 그들이 신앙 훈련에 참여하는 것은 스스로 원해서다. 신앙이 더 많이 성장한 사람들은 규칙적인 신앙 훈련을 개발함으로써 그리스도와 자신과의 관계를 깊이 뿌리 내린다. 그들은 신앙 훈련이 자신의 삶 가운데서 행하는 역할에 인격적으로나 감정적으로 매우 높은 가치를 부여한다.

부록 ❹ 사역 프로그램 평가표

사역 프로그램	기독교를 알아감	그리스도 안에서 성장함	그리스도를 닮아감	그리스도를 중심에 모심

발견 10: 정체 집단과 불만족 집단은 교회를 떠나겠다고 말하는 경우가 상당히 많다.

다음 표는 정체 집단과 불만족 집단이 "당신은 지금 다니는 교회에 얼마나 오랫동안 남아 있으려고 하는가?"에 대한 나머지 집단의 응답과 비교해서 현재 다니는 교회에 대해 느끼는 불만의 정도를 분명하게 보여 준다.

표 A3-10

누가 교회를 떠나려고 하는가

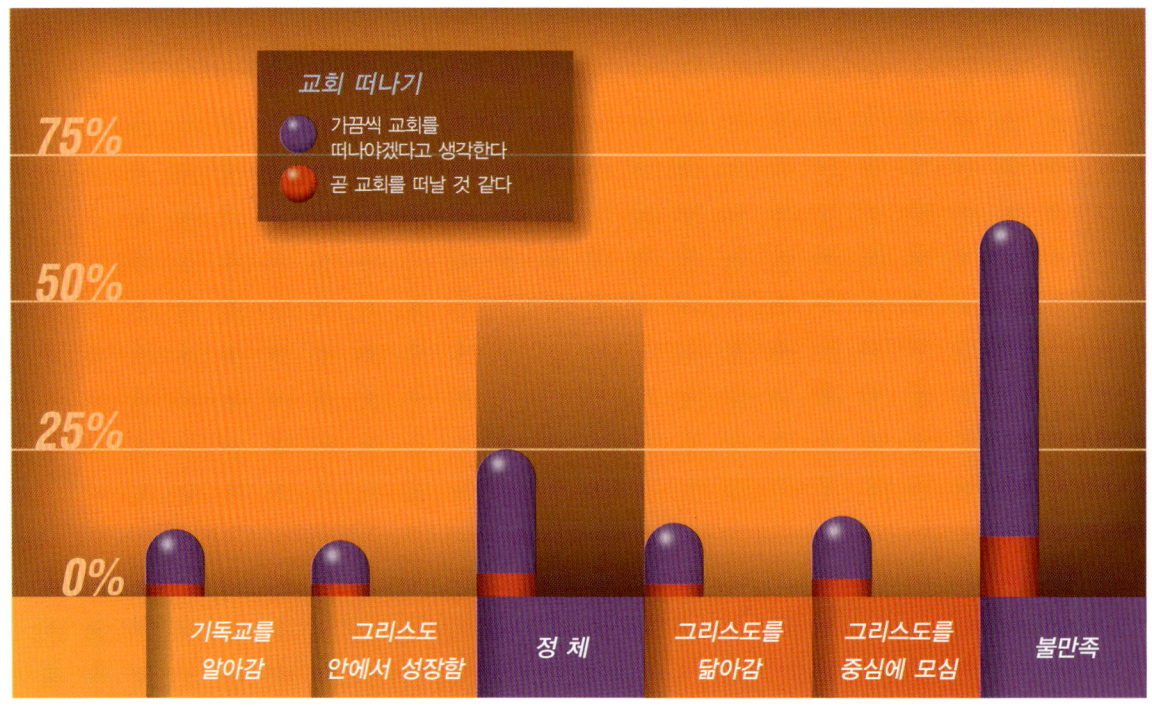

정체 집단과 불만족 집단이 왜 자신이 출석하고 있는 교회에 그토록 싫증을 내는지에 대한 분명한 해답은 없다. 우리는 정체 집단이 생활 여건이나 개인적인 문제들(101쪽의 '발견5' 참조)로 인해 갈등을 빚고 있다고 믿는다. 불만족 집단은 몇 가지 이유로 현재 다니는 교회가 자신을 실패하도록 만들었다고 느낀다. 우리는 이 조사를 계속해 나가면서 정체 집단과 불만족 집단으로부터 더 많은 것을 알아내기 위해 많은 관심을 기울일 계획이다.

발견 11: 교회의 6가지 속성은 비록 그 만족도가 사람마다 상당히 다르더라도 그들에게 가장 중요한 것이다.

우리는 사람들에게 교회가 가진 32가지의 각기 다른 속성에 대한 만족도를 물어보았다. 그중 다음 표에 나타난 6가지가 사람들의 영적 성장을 돕는 것과 가장 깊은 연관성을 가진다.

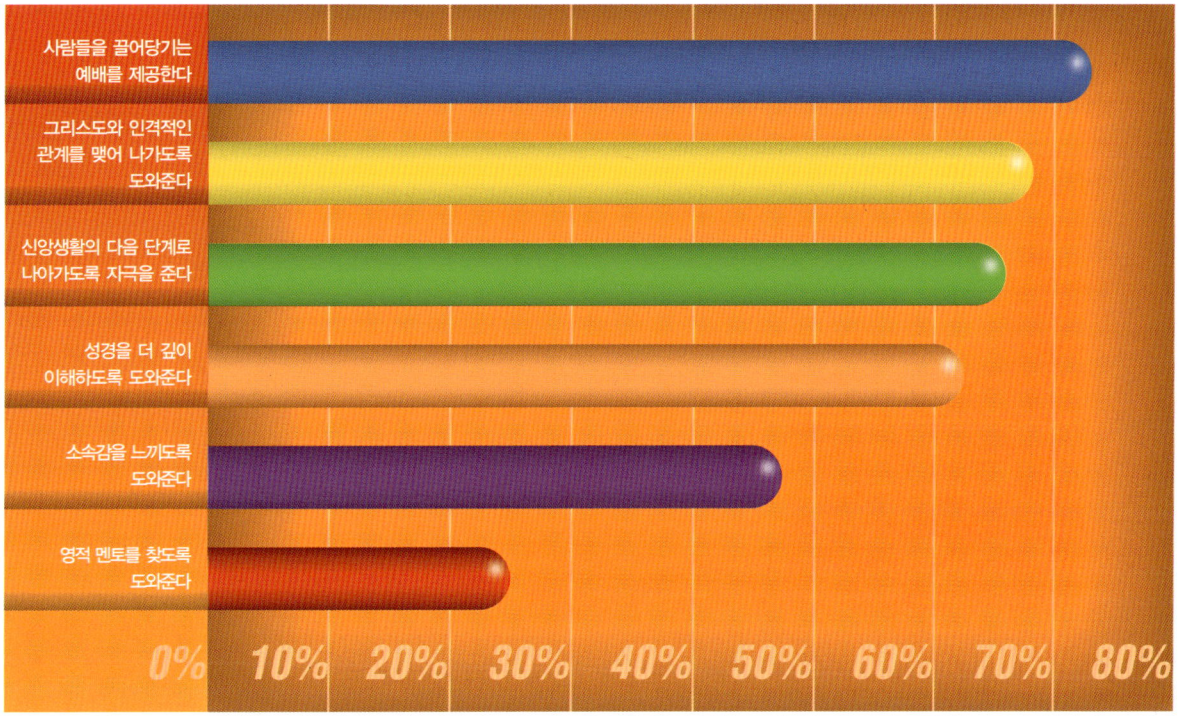

퍼센트는 해당 교회의 속성에 대해 "매우 만족한다"라고 응답한 사람의 비율이다. 예를 들어 응답자의 70퍼센트 이상이 교회가 "사람들을 끌어들이는 예배를 제공한다"에 "매우 만족한다"라고 답했다.

표 A3-11
교회의 대표적인
6가지 속성에 대한 만족도

이 조사는 교회가 제공하는 주일 예배와 신앙 성장에 대한 자극에 대하여 높은 수준의 만족도를 보여 준다. "소속감을 느끼도록 도와준다"와 "영적 멘토를 찾도록 도와준다" 등 영적 공동체/인간관계를 제공하는 것과 관련된 교회의 속성에 대한 만족도는 낮았다.

▌ 국제제자훈련원은 건강한 교회를 꿈꾸는 목회의 동반자로서 제자 삼는 사역을 중심으로
성경적 목회 모델을 제시함으로 세계 교회를 섬기는 전문 사역 기관입니다.

Originally published in the U.S.A. under the title:
REVEAL : Where Are You?
Copyright @2007 by Greg L. Hawkins, Cally Parkinson, Eric Arnson
Published under a license from Willow Creek Association
Used and translated by the permission of Willow Creek Association
Through DMI press, Seoul, Korea.

Korean translation copyright @2008 by DMI press,
1443-26, Seocho-dong, Seocho-gu, Seoul 13-865, Korea.

본 저작물의 한국어판 저작권은 Willow Creek Association과 독점 계약한 국제제자훈련원에 있습니다.
신 저작권법에 의해 한국 내에서 보호받는 저작물이므로 무단 전재 및 복제를 금합니다.

발견 당신은 지금 어디에 있는가?

초판 1쇄 발행 2008년 9월 11일
초판 5쇄 발행 2014년 10월 17일

지은이 그렉 L. 호킨스, 캘리 파킨슨, 에릭 안슨
옮긴이 김창동

펴낸이 박주성
펴낸곳 국제제자훈련원
등록번호 제2013-000170호(2013년 9월 25일)
주소 서울시 서초구 효령로68길 98 (서초동)
전화 02-3489-4300 **팩스** 02-3489-4329
E-mail dmipress@sarang.org

ISBN 978-89-5731-289-6 03230

※ 책값은 뒤표지에 있습니다. 잘못된 책은 구입하신 곳에서 교환해드립니다.

발견 9: 조사 대상자의 절반 이상이 자신의 영적인 성장을 도모하기 위해 인터넷을 사용했다고 말한다.

다음 표는 인터넷을 영적 성장과 관련된 활동에 사용하는 사람들의 비율을 보여 준다.

퍼센트는 지난해 각각의 용도로 인터넷을 사용한 모든 응답자의 비율을 나타낸다. 예를 들어 모든 응답자의 55 퍼센트 정도가 지난해 한 번 이상 "예배와 설교 혹은 찬양곡을 다운받기" 위해 인터넷을 사용했다.

표 A3-9
영적 성장을 위해 인터넷을 어떻게 사용하는가

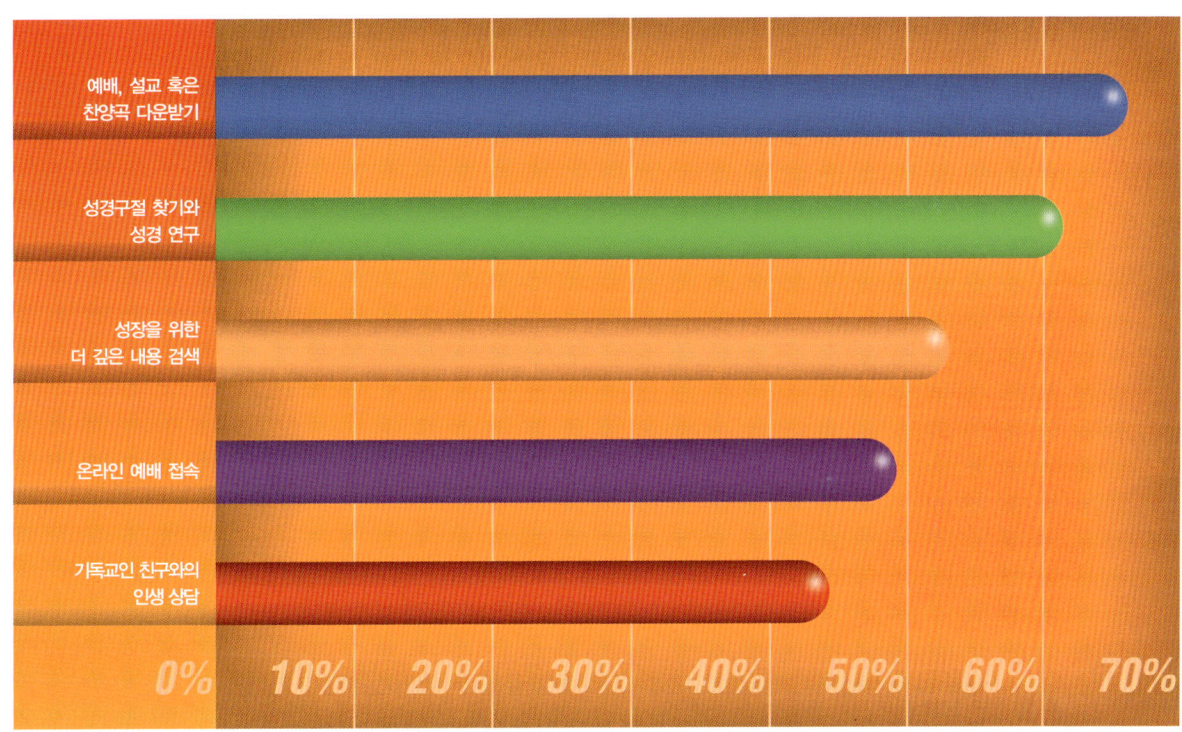

5가지 활동의 비율에는 그렇게 큰 차이가 없다. 다만 설교나 찬양곡을 다운받는 것이 가장 인기 있는 활동이고, 기독교인 친구와 대화를 나누는 것이 가장 횟수가 적다. 그리고 신앙 성장 단계에 따른 차이도 그리 크게 나타나지 않았다.

부록 ❺

표와 그림 목록

13	그림 1-1 : 영적 성장을 위한 교회 활동 모델
26	표 2-1 : 시장과 교회에서 마음 측정하기
34	표 3-1 : 교회 활동이 반드시 영적 성장을 가져온다는 가정 하에 우리가 볼 수 있는 모습이다
35	표 3-2 : 조사 결과를 바탕으로 하면 교회 활동과 영적 성장 사이의 상관관계는 제한적인 것으로 나타났다
37	표 3-3 : 조사를 통해 드러난 신앙 성장 과정
37	표 3-4 : 영적 성장 곡선은 영적 성장을 예견한다
43	표 3-5 : 영적 성장에서 가장 중요한 영향력을 발휘하던 교회의 역할은 사람들이 신앙 성장 과정에 따라 성장하면서 부수적인 것으로 변해 간다
44	표 3-6 : 개인 신앙 훈련은 영적 성장에 상당히 큰 영향을 미친다
47	표 3-7 : 십일조, 봉사활동, 전도는 신앙이 성장할수록 늘어난다
48	표 3-8 : 정체되고 불만을 가진 집단은 조사 대상의 25퍼센트를 넘었다
49	표 3-9 : 정체 집단은 다른 집단에 비해 훨씬 낮은 수준의 개인 신앙 훈련을 보여 준다
52	표 3-10 : 불만족 집단은 신앙이 가장 성장한 집단과 비교될 만한 수준의 십일조와 봉사, 전도 활동을 보여 준다
53	표 3-11 : 불만족 집단의 교회에 대한 불만은 분명하게 드러난다
58	표 3-12 : 교회에 주어진 가장 큰 기회는 헌신된 그리스도의 제자들에 대한 영향력을 증대시키는 것이다
59	표 3-13 : 우리가 세운 가설과 발견한 내용의 비교
83	그림 A1-1 : 스타벅스의 만족도 사다리

97 ——— 표 A3-1: 사람들이 기독교를 알아가기 시작한 가장 중요한 5가지 이유

98 ——— 표 A3-2: 사람들이 처음 교회를 찾은 5가지 이유

99 ——— 표 A3-3: 하나님께 대한 감사와 의존도는 영적으로 성장하면서 크게 증가한다

100 ——— 표 A3-4: 신앙 훈련의 중요성에 대한 자세는 신앙이 성장하면서 가파르게 상승한다

101 ——— 표 A3-5: 많은 사람, 특히 정체 집단이 영적 성장 과정에 '중대한 장애물'을 경험한다

102 ——— 표 A3-6: 영적으로 성장하면서 영적인 관계의 역할과 중요성에 대한 요구가 상승한다

103 ——— 표 A3-7: 사람들은 왜 봉사하는가

104 ——— 표 A3-8: 가장 많이 하는 5가지 전도 활동

105 ——— 표 A3-9: 영적 성장을 위해 인터넷을 어떻게 사용하는가

106 ——— 표 A3-10: 누가 교회를 떠나려고 하는가

107 ——— 표 A3-11: 교회의 대표적인 6가지 속성에 대한 만족도

108 ——— 표 A3-12: 사람들은 주일 예배에 대해 어떻게 생각하는가

발견 12: 사람들은 주일 예배가 자신의 영적 성장에 중요하다고 말하는데, 특히 찬양/워십의 체험을 높이 평가한다.

이 표는 사람들이 주일 예배를 얼마나 중요하게 여기는지를 잘 보여 주는데, 대부분의 사람은 (85퍼센트) 한 달에 서너 번 이상 예배에 참석한다.

퍼센트는 자기 교회의 주일 예배에 관한 질문에 "매우 그렇다"고 답한 사람의 비율이다. 예를 들어 응답자의 70퍼센트가 "나는 주일 예배를 한 주간에 가장 중요한 일로 여긴다"라는 항목에 "매우 그렇다"라고 응답했다.

표 A3-12
사람들은 주일 예배에
대해 어떻게 생각하는가

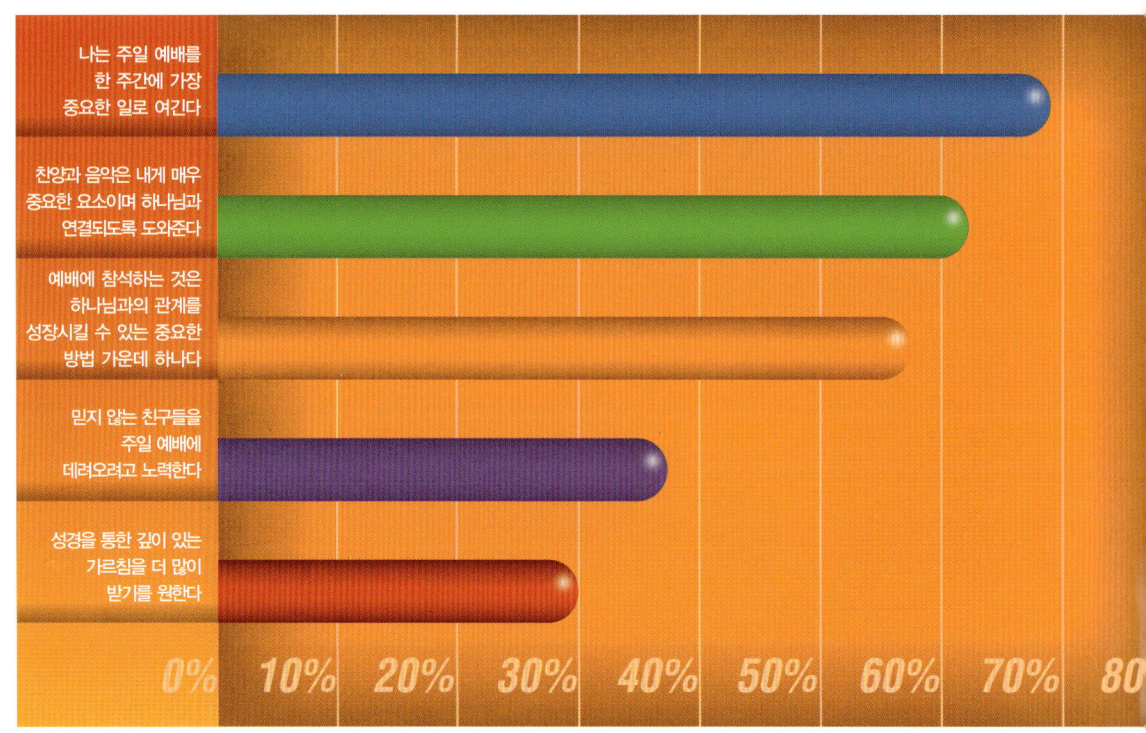

우리는 신앙이 성장하면서 이런 태도에 몇 가지 변화가 있음을 알게 되었다. '그리스도를 중심에 모심' 집단은 "믿지 않는 친구들을 교회에 데려오려고 노력"하는 확률이 훨씬 높았다. '불만족' 집단은 예배를 통해 "성경을 통한 깊이 있는 가르침"과 "더 많은 도전"을 원하는 비율이 훨씬 높았다.